Planen und Bauen für das Wohnen im Alter

Reihe: Bau-Rat

Joachim F. Giessler

Planen und Bauen für das Wohnen im Alter

Ratgeber für Neubau und Renovierung

BLOTTNER VERLAG

Dieses Buch erscheint in der Reihe „Bau-Rat:“

Bibliografische Informationen der Deutschen Bibliothek: Die Deutsche Bibliothek verzeichnet diese Publikation in der Deutschen Nationalbibliographie; detaillierte bibliographische Daten zu diesem Werk sind im Internet über http://dnb.ddb.de abrufbar.

Das Titelfoto wurde dem Verlag mit freundlicher Genehmigung von HEWI, Experten für Barrierefreiheit, Bad Arolsen, zur Verfügung gestellt.

Bildnachweis: Quellenangaben am Bild oder im Quellennachweis
Herstellung, Lektorat, Umschlag: Blottner Verlag, Taunusstein

3. aktualisierte Auflage 2021

ISBN 978-3-89367-158-8 / Print on Demand 2021

Inhaltsverzeichnis

Einleitung

Wenn wir das Wohnen im Alter behandeln, sprechen wir von uns selbst, von einem unserer eigenen Lebensabschnitte.

Die Natur hat es so eingerichtet, dass wir alt werden. Alt sein heißt nicht im gleichen Atemzug, behindert zu sein. Behinderte finden wir in allen Altersgruppen, auch unter jungen Menschen.

Leider wird der alte Mensch in unserer Gesellschaft leichtfertig und gedankenlos immer wieder mit Behinderung in Verbindung gebracht, als nicht mehr leistungsfähig, unbrauchbar, ungenießbar und lästig angesehen. Der alte Mensch heißt jetzt Senior und hat wenig Platz in der Familie, die schnelllebige und egoistische Selbstbedienungsgesellschaft kann ihn nicht gebrauchen – der Senior soll auf Reisen oder ins Heim gehen und Ruhe geben.

Bezeichnenderweise vergessen diejenigen, die so eine Einstellung vertreten, dass sie selbst schnell alt werden. So bauen sie auch ihre Häuser, so entwerfen sie die Möbel und Einrichtungsgegenstände – sorglos modisch für heute und nicht überlegt für heute und für morgen.

Altern ist naturbedingt und ein normaler Vorgang, eine eigene, gleichberechtigte Lebensphase, in der sich die körperliche und seelische Verfassung ändert. Der Mensch ist einerseits erfahrener und reifer geworden, strebt nicht mehr so sehr nach Karriere und Erfolg, hat mehr Zeit für Dinge, die er gerne tut.

Andererseits haben sein Sehvermögen, sein Tastsinn, seine Gedächtnisleistung, das Hören und die Beweglichkeit nachgelassen. Einsamkeit, Langeweile und Hilfsbedürftigkeit werden akut. Chronische Krankheiten können auftreten. Die Bedürfnisse ändern sich und dadurch die Forderungen an die Lebensumgebung.

Trotzdem haben wir bisher immer so gebaut, als würden wir niemals alt und niemals krank werden. Selbst die teuren Wohnanlagen im Voralpenland, in denen viele ältere Menschen wohnen wollen, lassen bis auf Ausnahmen alles vermissen, was für ältere Bewohner vorhanden sein müsste. Seine Füße müssen ihn immer gleich gut tragen, er muß immer Treppen steigen können, sein Badezimmer ist für einen jungen Turner geplant, Hausarbeit im Sitzen ist wegen der fehlenden und nicht unterbringbaren Einrichtung unmöglich und in einem Rollstuhl darf er schon gar nicht kommen – er könnte sich damit in diesen Wohnungen nicht bewegen.

In den Einfamilienhäusern und Doppelhaushälften kann man keine Wand verschieben, einen Aufzug nicht nachrüsten, da der Platz fehlt oder die Treppe zu schmal ist. Türen können nicht verbreitert und elektrische Installation nicht höhengerecht verändert werden. Schwellen auf Balkonen und Terrassen behindern schon den noch jüngeren Menschen. Unsere Möbel und Einrichtungsgegenstände sind modisch, stilvoll oder avangardistisch und unsere Suche nach altengerechten

Möbeln bleibt nahezu ergebnislos. Die Hausgeräteindustrie tut sich schwer, ihre Produkte den Forderungen anzupassen – vielleicht weil die Forderungen noch nicht genau genug formuliert sind.

In den Nachkriegszeiten fielen die Missstände nicht so auf. Der alte Mensch war bescheidener, klagte nicht, die Ansprüche waren geringer, er konnte mehr noch in der eigenen Familie wohnen bleiben und zog erst dann ins Altersheim, wenn es gar nicht mehr anders ging. Große Untersuchungen über Bedürfnisse und Forderungen alter Menschen wurden nicht für notwendig gehalten – der alte Mensch war noch keine Vermarktung wert, seine Anzahl nicht ausreichend, um die Industrie zum Denken und zur Produktion zu bewegen.

Inzwischen hat die moderne Medizin erreicht, dass wir heute älter werden, länger gesund bleiben können, dass die Zahl der Kinder abnimmt, die Zahl der alten Menschen aber stetig wächst: 83,2 Millionen Menschen leben Ende 2019 in Deutschland. 16,2 Millionen 67-jährige davon im Jahr 2020. Im Jahr 2030 werden es voraussichtlich schon 19 Millionen sein. Gleichzeitig wollen nur wenige Menschen gerne in ein Pflegeheim gehen – man möchte gern selbstständig bleiben und leben. Wenn der Mensch dies in seiner eigenen Familie, bei seinen eigenen Kindern nicht kann, dann also eigenständig in seinen eigenen vier Wänden.

Wir erkennen, dass das familiäre Netzwerk an Bedeutung verlieren wird, außerfamiliäre Netzwerke wichtiger werden und 90 % der befragten Menschen es abgelehnt haben, sich im Alter auf die Hilfe der Kinder zu verlassen. Schon bieten Geschäftemacher teure Edel-Senioren-Wohnresidenzen und betreutes Wohnen an. Ist das richtig? Können sich das nur reiche, gesunde Alte leisten oder ist dieses Bauen für alle gedacht?

Es wird viel geschrieben und geredet – aber Konkretes fehlt zu oft!

So gilt es darüber nachzudenken und nachzufragen, was wir tun können, um den wirklichen Bedarf dieser inzwischen großen Bevölkerungsgruppe zu erkennen und zu decken. Plötzlich bekundet die Industrie Interesse, vielleicht weil jetzt die Zahlen stimmen, weil Verdienst winkt? Eine DIN-Norm 18040 Teil 1 und Teil 2 ist entwickelt, veröffentlicht worden und verfügbar, – aber Anwendung und Umsetzung scheitern in den meisten Fällen am fehlenden Geld und Verständnis. Es genügt auch nicht, nur Barrieren zu beseitigen, sondern es ist auch erforderlich, die Gegenstände des täglichen Lebens auf eben das tägliche Leben dieser Lebensphase abzustimmen. Da werden Designwettbewerbe ausgelobt, deren Ergebnisse jedoch zeigen, dass noch viel zu tun ist. Menschlichkeit ist gefordert.

So wird es notwendig sein:

- alles Wissen von Menschen über 60 aus unterschiedlicher und weit verstreuter Literatur zusammenzutragen und sich dieses Wissen anzueignen,
- den Markt und Handel nach schon Vorhandenem und Brauchbarem zu untersuchen,
- den Handwerker zu fragen, ob er sich auskennt, wenn er zu einem alten Menschen in dessen Wohnung gerufen wird,
- nach den Erfahrungen und Ratschlägen der Menschen zu fragen, die schon längst alte Menschen betreuen,
- den Architekten und Designer zu fragen, welche Häuser er baut und welche Möbel und Gegenstände des täglichen Lebens er entwirft und zukünftig zu entwerfen gedenkt,
- die Industrie zu fragen, ob sie bereit ist, diese Dinge in die Realität umzusetzen.

Am Ende werden wir beurteilen müssen, ob das, was vorhanden ist, ausreicht. Ist das Angebot nicht groß genug, denken die beteiligten Akteure gar nicht oder zu langsam darüber nach, dann ist es wichtig, Alternativen zu entwickeln und zu vermitteln. Wir, das sind diejenigen, die sich beruflich mit diesen Themen beschäftigen.

So gilt es zum Beispiel zu klären:

- Ist es sinnvoll, im Alter von etwa 50 Jahren nach dem Auszug der Kinder eine neue Küche zu kaufen, die beim möglichen Eintritt von Behinderungen im Alter nicht umgebaut und deshalb nicht verwendet werden kann und die dann von der Pflegekasse im Einzelfall neu bezahlt werden muss? Kann man die Küche nicht so gestalten, dass die „letzte" Küche im letzten Drittel des Lebens angeschafft wird und der jeweiligen Lebenssituation durch Umbau oder Modulation leicht angepasst werden kann?
- Taugen unsere Schlafzimmer- und Wohnzimmerschränke in ihrer bisher entwickelten Form für den täglichen Gebrauch auch im Alter, wenn der Benutzer den wesentlichen Anteil seines Lebens im Sitzen verbringen muss, wenn er nicht mehr so hoch hinauf greifen kann, das Heben zum Problem wird und er nicht mehr auf eine Trittleiter steigen kann, weil ihm schwindlig wird?
- Geht die Industrie wieder einmal davon aus, dass für diese Altersgruppe zu produzierende Stückzahlen nicht Gewinn versprechend sind und dass das fehlende Wissen über diese speziellen Anforderungen wie schon bei Kindermöbeln und Hilfsmitteln für behinderte Kinder zu Problemen in Verkauf und Außendienst führen?
- Wie sieht die Wohnung eines Menschen aus, der im Bett lebt?
- Wie muss ich für einen Menschen planen, der im Alter etwa vier Fünftel seines Tages in seiner Wohnung verbringt?
- Die Wohnung wird zunehmend zum Lebensmittelpunkt. Was passiert dann mit den angesammelten Gegenständen dieser Bewohner?
- Was tut man, wenn sich herausstellt, dass früher gekauftes Material und Mobiliar jetzt nicht mehr geeignet und veraltet ist, dass man die Wohnung in ihrer bisherigen Funktion nur durch Umbau verändern und dem neuen Bedarf anpassen kann?

Das vorliegende Buch „Planen und Bauen für das Wohnen im Alter" ist der Versuch einer Bestandsaufnahme. Es analysiert einzelne wichtige Bereiche und möchte das Handwerk, die Industrie und den Handel zu alternativem und konstruktivem Denken anregen. Gleichzeitig wird das notwendigste Wissen über das Umfeld der besprochenen Altersgruppe, der über Sechzigjährigen zusammengetragen, aufgearbeitet.

Es kann somit dem Handel und dem Handwerk als Grundlage für die zukünftige Ausbildung und Arbeit dienen.

Dem Bauherrn soll dieses Buch alle die Fragen beantworten, die entstehen, wenn er sich mit der Planung und dem Bau eines neuen Hauses befasst. Wie kann er heute schon durch sinnvolle Maßnahmen vorsorgen, die beim Neubau an einigen Stellen vielleicht etwas mehr kosten, deren Umsetzung im Bedarfsfall aber später mit hohen finanziellen Aufwendungen verbunden wäre.

Wer bestehende Wohnungen renovieren und sich neu einrichten will, nachdem die Kinder das Haus verlassen haben, der findet hier ebenfalls die notwendigen Anregungen aufgelistet und beschrieben.

Noch eine Anmerkung:

Kursiv ausgedruckte Textteile sind Auszüge aus den zahlreich vorhandenen Veröffentlichungen zum Thema. Soweit die Quelle nicht direkt beim Text genannt wurde, befindet sich der Titel der jeweiligen Schrift im Literaturverzeichnis am Ende des Buches.

Grundlegende Kenntnisse

Bevölkerungszahlen

Bevor wir Architektur- und Designdetails behandeln, ist es erforderlich, zunächst einmal Zahlen und Aussagen über diese enorm anwachsende Gruppe der über 60-jährigen anzusehen. Dabei sollte dies vorerst nicht unter dem Gesichtspunkt des Konsums (d. h. was konsumiert der alte Mensch und was kann ich daran verdienen) gesehen werden, sondern unter dem, wie viele Menschen alt sind und zukünftig sein werden, deren spezielle Wünsche und Forderungen zu erfüllen sind.

Die nachfolgenden Zahlen und Angaben stammen aus den unterschiedlichsten Veröffentlichungen, die in der letzten Zeit erschienen und direkt am Zitat bzw. im Anhang ausführlich aufgelistet sind.

Herangezogen wurden beispielsweise

- die Altenberichte des Bundesministeriums für Familie, Senioren, Frauen und Jugend.
- Wohnen im Alter – eine Untersuchung im Auftrag des Bayerischen Staatsministeriums für Arbeit und Sozialordnung, Familie, Frauen und Gesundheit,
- die Studie „Wohnen 50 Plus“ der LBS Bayerische Landesbausparkasse,
- Zeitungsartikel,
- Verbraucherinformationen, wie z.B. Wohnqualität im Alter.

Zahlen zur Bevölkerungsentwicklung in der Bundesrepublik Deutschland:

Gesamtbevölkerung:

Jahr 2000	79,8 Millionen
Jahr 2010	81,7 Millionen
Jahr 2020	83,2 Millionen
Jahr 2030	69,9 Millionen

60 Jahre und älter:

Jahr 2000	19,1 Millionen
Jahr 2010	20,4 Millionen
Jahr 2020	16,1 Millionen
Jahr 2030	18,9 Millionen

80 Jahre und älter:

Jahr 2000	2,9 Millionen
Jahr 2010	3,7 Millionen
Jahr 2020	4,3 Millionen
Jahr 2030	4,4 Millionen

(„Erster Altenbericht“ des BMFuS)

Diese Zahlen zeigen deutlich, dass jetzt bereits etwa 22 Millionen Menschen mit über 60 Jahren unter uns leben und diese Gruppe in den kommenden Jahren noch zunehmen wird.

Wenn wir vom heutigen Stand ausgehen, so sind:

- 2,36 Millionen alter Menschen in Deutschland zur Zeit pflegebedürftig und kommen nicht ohne Hilfe zurecht.
- 4,5 Millionen Senioren mittel- oder langfristig auf der Suche nach einer ihrem Alter gerechten Wohnung oder Wohnform.

(Hannoversche Allgemeine Zeitung)

Ein Beispiel für ein Bundesland:

- In Bayern hat sich die Zahl der Menschen über 60 Jahre von 1996 mit damals 2,27 Millionen auf nun rund 2,64 Millionen erhöht.
- 270.000 Bayern über 64 wären bereit, für eine ihrem Alter gerechte Wohnung oder Wohnform noch einmal umzuziehen.

(Zeitschrift „Das Haus")

Fakten

Wir wissen nicht genau, wie sich das Verhalten der älteren Menschen bis zum Jahr 2030 entwickeln wird, aber durch erstellte Studien und Umfragen konnten bereits bestehende Fakten und Verhaltensweisen erkannt werden, die für die weitere Entwicklung und die daraus resultierende Aufgabenstellung richtungsweisend werden können. Dabei ist es nicht wichtig, ob die Zahlen der verschiedenen Untersuchungen genau übereinstimmen – das Erkennen einer Tendenz ist für uns wichtig.

Gravierendste, greifbare Aussagen aus unterschiedlichen Quellen sind hier ohne eine bestimmte Gewichtung oder Reihenfolge aufgelistet:

- *etwa 40 % der Senioren leben allein,*
- *13 % leben in der Familie der Kinder,*
- *von den 60-jährigen leben 43 % mit ihrem Partner zusammen,*
- *2 % der Menschen unter 65 Jahren und 4 % der über 65-jährigen nennen das Altersheim als Wohnziel,*
- *die Kinder verlassen in der Regel das Haus, wenn der Haushaltsvorstand zwischen 51 und 60 Jahre alt ist,*
- *43 % aller 50- bis 70-jährigen wünschen Kontakt zu jungen Leuten,*
- *53 % der 51- bis 60-jährigen haben schon beim Einzug in eine neue Wohnung darauf geachtet, dass sie dort auch im Alter bleiben können (wobei unklar ist, ob sie wissen, was das im Detail heißt),*
- *60 % der über 80-jährigen lehnen einen Umzug generell ab,*
- *64 % haben sich schon einmal Gedanken darüber gemacht, wie sie im Alter wohnen möchten,*
- *Ende 19. Anfang 20. Jahrhundert wurde der Mensch durchschnittlich 45 Jahre, heute wird er durchschnittlich 75 Jahre alt,*
- *Deutschland verzeichnet die geringste Geburtenrate der Welt: pro Frau lediglich 1,3 Geburten,*
- *die Wohnung wird Lebensmittelpunkt, es werden darin sogar häufig vier Fünftel des Tages verbracht,*
- *49 % möchten unabhängig im Eigenheim leben, eventuell mit Betreuung,*
- *Alleinleben ist in der älteren Generation vor allem ein Frauenschicksal,*
- *nur etwa 4 % der über 65-jährigen leben in Pflegeheimen,*
- *70 % der interviewten Einwohner Deutschlands meinten, dass über die Hälfte der reiferen Menschen in Heimen leben würden.*
- *Dies ist eine Fehleinschätzung: Nicht 52 % sind übergesiedelt, sondern nur 5 %.*
- *79 % der Pflegebedürftigen leben in Privathaushalten. 85 % davon nehmen keine professionellen Pflegedienste in Anspruch. Sie wollen damit ihre Privatsphäre schützen.*

Die Ergebnisse der Studien und Umfragen gleichen sich und lassen erkennen, dass sich einiges geändert hat: Lebensvorstellungen und Wohnwünsche der Menschen in der dritten Lebensphase stimmen mit den vorhandenen Realitäten nicht überein. Das Altenheim ist wenig gefragt. Neue Wohnformen, die Eigenständigkeit ermöglichen und Sicherheit bieten, sind zu entwickeln, wie das Service-

Wohnen oder die Wohngemeinschaft. Es lässt eine eigenständig geführte Haushaltsführung so lange wie gewünscht oder möglich zu und sieht ergänzende Serviceleistungen für den Fall zunehmender Hilfsbedürftigkeit vor.

Betreutes Wohnen, Jung-Alt-Projekte, Integriertes Wohnen sind weitere Wohnformen, die es zu fördern gilt.

Alternativ steht Wohnen in einer „normalen Wohnung" und der altersgerechte Umbau dieser Wohnungen, die Wohnanpassung, zur Debatte und es wird deutlich, dass unzureichende Wohnbedingungen die eigentlich mögliche Selbstversorgungsfähigkeit älterer Menschen gefährden. Viel öffentliches Geld könnte durch Wohnanpassung gespart werden. Es ist nicht der Wunsch alter Menschen, verplant, verwaltet und für das Altern und Sterben geschult zu werden. Eines der elementarsten Bedürfnisse älterer Menschen ist die selbstständige Lebensführung. Sie wollen eigenverantwortlich über ihr Tun und Lassen entscheiden. Abhängigkeit und Hilflosigkeit machen krank und verkürzen das Leben. So stellt die Lösung der mit dem Wohnen im Alter verbundenen Probleme eine Gemeinschaftsaufgabe unserer Gesellschaft dar. Sie betrifft gleichermaßen die Politiker, die Bau- und Wohnungswirtschaft, die Planer, die Architekten, die Designer, die Hersteller von Hilfsmitteln, Geräten und Einrichtungen, die Handwerker, die Kommunen und die karitativen Organisationen.

Altersgruppenunterteilung

Im Augenblick ist noch nicht abzusehen, ob Einteilungen alter Menschen hier – wie bei den Kindern und Jugendlichen vorgenommen – für die zukünftige Entwicklung von Wohnungen, Möbeln und Geräten sinnvoll sind. Es wird eher vom Gesundheitszustand der Menschen abhängen, wo gewohnt wird und welche Möbel wann gebraucht werden. Trotzdem eine Unterteilung, wie sie in Europa vorgenommen wird:

- *die jungen Alten 60 bis 75 Jahre*
- *die alten Alten 75 und älter*
- *Hochbetagte 85 bis 94*
- *Überlebende ab 95 aufwärts.*

Vielleicht muss diese Unterteilung in den nächsten Jahren dahingehend umgeschrieben werden, dass in der Altersgruppe der 45- bis 65-jährigen Geld und Bereitschaft zum Handeln vorhanden ist, wenn neue Wohnformen angeboten werden.

Die Amerikaner unterscheiden:

- *go-gos (Alte, die noch gehen können),*
- *slow-gos (Menschen, die nur noch langsam gehen können),*
- *no-gos (Menschen, die nicht mehr gehen können).*

Bedürfnisse, Wünsche und Forderungen alter Menschen

Was ändert sich im Alter?

Wie erwähnt, ist Altern eine eigene, gleichberechtigte Lebensphase, in der sich die seelische und die körperliche Verfassung ändert. Die Kinder sind in der Regel aus dem Haus. Noch einige Jahre bis zum Ruhestand, auch wenn in den letzten Jahren die Erwerbstätigkeit länger geworden ist.

Das Eingespanntsein in den Beruf lockert sich. Jetzt möchte der eine mehr Zeit für private Dinge haben, beim anderen macht sich Langeweile breit. Der Mensch ist reifer geworden und hat mehr Lebenserfahrung, aber er ist auch verbrauchter. Die Gedanken über das weitere Leben werden intensiver. Wie werde ich weiterleben? Werde ich gesund bleiben? Ist meine Wohnung so eingerichtet, dass ich darin auch mit einer möglichen altersbedingten Behinderung leben kann? Wer hilft mir, wenn ich das alleine nicht bewerkstelligen kann? Wo sind Hilfseinrichtungen und Serviceleistungen greifbar – oder spiele ich doch mit dem Gedanken, im Notfall in ein Heim zu gehen? Was wird mit meinen Kindern sein, was mit den Freunden, den Arbeitskollegen und Nachbarn? Kann ich Kontakt zu meiner bisherigen Umwelt behalten, kann ich Neues für mich aktivieren oder werde ich allein und abgetrennt leben und möglicherweise vereinsamen?

Gleichzeitig mit den Fragen an das tägliche Leben können Änderungen der körperlichen Konstitution auftreten, die ganz normal sind und die natürlich vom einen zum anderen unterschiedlich sein werden:

- das Sehvermögen lässt nach,
- die Gedächtnisleistung reduziert sich,
- das Hören wird schlechter,
- die Beweglichkeit vermindert sich, die Muskelkraft wird schwächer,
- Blutdruckschwankungen stellen sich ein, verbunden mit Gleichgewichtsstörungen,
- die Reaktionsgeschwindigkeit vermindert sich,
- neurologische Störungen setzen ein,
- der Tastsinn lässt nach.

Das alles sind mögliche Veränderungen und offene Fragen, die der Einzelne zwar einkalkuliert, aber noch nicht definitiv beantworten kann. Der Wunsch nach Sicherheit und Eigenständigkeit bleibt aber nach wie vor stark. Zu diesen natürlich auftretenden Alterserscheinungen können verstärkt Krankheiten hinzukommen, die dem älteren Menschen das selbstständige Leben erschweren:

- Asthma und Allergien,
- Rheuma,
- Bandscheibenschäden,
- Halbseitenlähmungen,
- Bewegungs- und Stützbehinderungen bis hin zum Rollstuhlfahren oder dem Daueraufenthalt im Bett,
- Multiple Sklerose (MS),

- Sehbehinderungen und Blindheit,
- Morbus Parkinson.

Die Veränderung in der Zusammensetzung der Bevölkerung und die nachlassenden Körperfunktionen haben ebenfalls Auswirkungen auf das tägliche Leben:
- *Das Unfallrisiko steigt mit zunehmendem Alter.*
- *Viele Menschen leiden an schlechtem Nacht- und Dämmerungssehen.*
- *Nach einer Untersuchung der Bundesanstalt für Straßenverkehr (BASt) fühlt sich ein hoher Prozentsatz der älteren Bürger als Fußgänger im Straßenverkehr unsicher.*
- *Neben dem Auto und dem Fahrrad ist der öffentliche Nahverkehr für viele Senioren eines der wichtigsten Verkehrsmittel.*
- *Aus vielen Studien wissen wir, dass die Unfall- und Sturzgefahr ab dem 75. Lebensjahr steigt.*
- *Früher gekauftes Material und Mobiliar ist nicht geeignet und veraltet.*
- *Die schönste Wohnung kann durch ein plötzliches Ereignis, das unsere körperlichen und geistigen Kräfte beeinträchtigt, als ungeeignet empfunden werden.*
- *An Möbelflächen über 1,70 m Höhe kommt man nicht mehr ohne Hilfsmittel heran.*

Diese Veränderungen müssen logischerweise Auswirkungen auf das bestehende Umfeld des alten Menschen haben. Es gilt, diese möglichen Veränderungen vorauszusehen, ihren Eintritt in die Vorsorge und die Vorplanung einzubeziehen.

Inzwischen haben sich private und staatliche geronto-technologische Institutionen gegründet, die sich mit der Weiterentwicklung von Produkten, der Optimierung und dem Aufbau von Dienstleistungen und der Forschung befassen. Die Ergebnisse sollen vor allem älteren Menschen das Leben erleichtern.

Es gibt unter anderem folgende Arbeitsgruppen:
- Mensch-Maschine-Interaktion
- Sehforschung
- Riechen-Schmecken-Ernährung
- Kompetenz im Alter
- Geronto-Rheumatologie-Pharmakogenetik
- Thinklab Denken-Körper-Technologie
- Gesundheit im Alter
- Schlafforschung
- Untersuchungen der Farbbevorzugung und der Farbablehnung bei Menschen über 60

Das soziale und psychologische Umfeld alter Menschen

Hinzu kommen Erfahrungswerte aus dem Leben älterer und alter Menschen. Was geschieht, wenn sie in den Ruhestand gehen, wenn die Kinder das Haus verlassen haben? Werden sie allein in der bisherigen Wohnung bleiben, werden sie umziehen, z.B. in ein Altenheim oder was geschieht, wenn sie in ein Pflegeheim müssen?

Wie ist das Alleinleben, wenn der gewohnte Partner nicht mehr da ist oder eine Krankheit oder Behinderung spürbar wird und signalisiert: „Du bist nicht mehr fit und gesund. Es droht, dass Du Hilfe annehmen mußt.“
Einige Aussagen und Erkenntnisse dazu:
- *Die Selbstmordrate ist in dieser Bevölkerungsgruppe erschreckend hoch.*
- *Immer weniger wollen sich in die Abhängigkeit der Familienangehörigen begeben.*
- *Immer weniger wollen sich der Anonymität und Reglementierung eines Heims aussetzen.*
- *Viele Familien sind mit der Betreuung von pflegebedürftigen Angehörigen in der Regel restlos überfordert.*
- *Die Realität in Pflegeheimen kann den alten Menschen, der gezwungen ist, sich ei-*

ner solchen Einrichtung anzuvertrauen, nicht hoffnungsvoll stimmen.

- *Man wird gepflegt – für das Umsorgen, für menschliche Zuwendung usw. bleibt kaum Zeit.*
- *Viele alte Menschen beginnen zu verfallen, kaum dass sie ins Altenheim übergesiedelt sind.*
- *Schwere Depressionen sind nicht selten.*
- *Oft überleben alte Menschen die Übersiedlung in ein Altenheim nur einige Monate.*
- *Es geht auch um regelmäßige, soziale Kontakte, um menschliche Nähe: „Ruhe haben wollen ist für uns alte Menschen ein tödlicher Vorgang."*
- *Nähe auf Distanz.*
- *Einsamkeit und Hilfsbedürftigkeit, vor allem im Alter, werden für immer mehr Menschen zu einem drückenden Problem.*
- *Als Alternative zur angestammten Wohnung kennen die meisten nur die Alten- und Pflegeheime. Diese gewähren für den Notfall Sicherheit, reglementieren das Leben der Bewohner jedoch stark.*
- *Für ältere Menschen ist mehr als für andere Altersstufen eine angemessene, gemütliche Wohnung Grundlage der Lebenszufriedenheit.*
- *Einsamkeit und Isolierung.*
- *Wünsche nach Privatheit, Intimität, Geborgenheit und Sicherheit verstärken sich.*
- *„Ich fühle mich oft einsam", sagen über 60-jährige:*
  36 % der Griechen, 20 % der Portugiesen, 17 % der Italiener, 10 bis 14 % der Belgier, Franzosen, Spanier, Iren und Luxemburger, 5 bis 9 % der Deutschen, Niederländer und Briten, weniger als 5 % der Dänen.
- *In keiner anderen Phase des Lebens sind die Unterschiede zwischen den Menschen so groß wie im Alter.*
- *Die meisten Alten haben sich in sich selbst zurückgezogen.*
- *Wohlbefinden ist wesentlich von der Gesundheit abhängig und sie steht auf der Wunschliste betagter Menschen ganz oben, noch vor einer guten Partnerschaft und materieller Sicherheit.*
- *Wie man aus amerikanischen Studien weiß, können sogar über 80-jährige ihre geistigen Fähigkeiten noch steigern.*
- *Untersuchungen registrieren, dass die zu eigenverantwortlicher Tätigkeit animierten Bewohner von Altenheimen wesentlich vitaler und gesünder geworden sind, als die in ihrer Abhängigkeit unterstützten Personen.*
- *Ein Symptom der Überlastung kann Depression sein. Sie trifft vor allem Frauen, Verwitwete und Alleinlebende.*
- *Eines der elementarsten Bedürfnisse älterer Menschen ist die selbstständige Lebensführung. Abhängigkeit und Hilflosigkeit machen krank und verkürzen das Leben.*

Ursachen für den Leidensdruck

Die wichtigsten Probleme und somit die Ursachen für den Leidensdruck und das Fehlen der Kommunikation zwischen den 55- bis 70-jährigen und der übrigen Gesellschaft sind:

- die Ausgrenzung der Alten innerhalb unserer Gesellschaft,
- das Gefühl, abgeschrieben zu sein,
- in Senioren-Institutionen isoliert zu sein,
- die Diskriminierung in der Gesellschaft und den Medien, wie das Beispiel einer Zeitungsmeldung zeigt:
  Der Gouverneur von Tokio hat ältere Frauen als „nutzlose Last" bezeichnet. Frauen nach den Wechseljahren seien eine „nutzlose und schädliche" Last, die nicht weiterleben sollte.
- nicht mehr wie die Jüngeren sein zu können und deshalb von ihnen links liegenge-

lassen zu werden, weil diese Gesellschaft es nicht toleriert, wenn nicht alles wie gewohnt funktioniert,
- die Tendenz zu registrieren, dass professionelle „Gerohändler“ den Lebensabend für alte Menschen planen und verwalten und sogar das Sterben schulen wollen,
- der geringschätzige Umgang der jungen Leute mit den Alten: Senioren, Grufties, Uhu, Alteisen, Opa, . . . für was bist denn Du noch zu gebrauchen?
- zu erfahren, dass im fernen Osten bereits Fütterungsautomaten für pflegebedürftige Menschen entwickelt werden,
- dass in unserer egoistischen Selbstbedienungsgesellschaft niemand mehr Zeit und Gefühle für den anderen hat.

Als überaus belastend aber empfinden es die meisten, dass gesellschaftliche Erfahrungen und Werte von früher auf einmal nicht mehr viel bedeuten.

Ärzte sagen: „Was wir brauchen ist Menschlichkeit, nicht hohe Qualifikation des Pflegepersonals“.

Aktivitäten und Lebensstile älterer Menschen

Auch zu diesem Thema lassen sich Aussagen in den schriftlichen Abhandlungen finden. So sind typische Aussagen von Vorruheständlern:
- *ich möchte im Alter aktiv und selbstständig sein,*
- *ich plädiere dafür, dass man im Alter zentral wohnt und nicht einsam,*
- *ich möchte gerade im Alter Anschluß an das öffentliche Leben haben, viel ins Theater gehen und reisen.*

Es gibt noch weitere Erkenntnisse dazu:
- *43 % der 50- bis 70-jährigen wollen Kontakt zu jungen Leuten haben,*
- *eine nachberufliche Tätigkeit ist die ehrenamtliche Beratung jüngerer Menschen, in der sich auch zunehmend Frauen engagieren,*
- *berufliche Beratung, Hilfe bei der Existenzgründung ist der Schwerpunkt vieler Senioren-Initiativen,*
- *in der Regel werden die hauptamtlichen Vermittler der Senioren staatlich finanziert und diejenigen, die beraten werden, bezahlen den Aufwand der Senioren-Experten und auch ein Taschengeld,*
- *Senioren-Genossenschaften: Nachbarschaftshilfe, Besuchsdienst für ältere Menschen, Begegnung von Jung und Alt, Börse für alle nur erdenklichen Interessen älterer Leute,*
- *im Studium im Alter sehen viele eine gehobene, anregende Freizeitbeschäftigung und mittlerweile gibt es an 56 Hochschulen der Länder Angebote für Senioren,*
- *es gibt Studienführer für Senioren und im Internet jede Menge von Angeboten bis hin zum Fernstudium,*
- *Seniorenurlaub gewinnt an Popularität,*
- *einige Arten des Reisens haben sich zu Domänen für Ältere entwickelt, so zum Beispiel Kreuzfahrten, Bus- und Bahnreisen,*
- *wir unterscheiden vier Lebensstile der Älteren:*
- *die aktiven „neuen Alten“,*
- *die sicherheits- und gemeinschaftsorientierten Älteren,*
- *die resignierten Älteren,*
- *die pflichtbewußt häuslichen Älteren,*
- *im Ruhestand tritt anstelle des geplanten aktiven Lebensabends häufig der gleichförmige Tagesablauf*
- *das Telefon, das Fernsehen und das Inter-*

net werden zusehends mehr zur Brücke zur Außenwelt,
- *Männer sind besonders in Vereinen aktiv,*
- *ein Viertel betreibt einmal in der Woche Sport, etwa die Hälfte geht einem Hobby nach,*
- *ältere Menschen verbringen den größten Teil ihres Tages in ihrer Wohnung. Im Durchschnitt sind sie 21,4 Stunden zu Hause, 1,3 Stunden an Zielorten und eine knappe Stunde unterwegs.*

Wohnpsychologische Aspekte

Den Abhandlungen und Schriften über das Wohnen im Alter sind auch wohnpsychologische Aspekte zu entnehmen, die vor allem für den alleinstehenden älteren Menschen zutreffen. Für den älteren Menschen, dessen Gesundheit vielleicht beeinträchtigt ist und dessen Beweglichkeit und Gleichgewichtsgefühl nachlassen, zählt eine sicher ausgestaltete Wohnung zur Basis für die selbstständige Lebensführung:
- *ein harmonischer, den Bedürfnissen des Menschen entsprechender Raum wird ihn aktivieren, ein missgestalteter, nicht auf ihn abgestimmter Raum wird ihn bedrücken und zur Passivität veranlassen oder ihn aggressiv machen,*
- *Raum wird gebildet durch die Eigenart des Menschen,*
- *leider ist es üblich geworden, die Einrichtung des Raumes nicht dann zu verändern, wenn es die eigenen Bedürfnisse gebieten, sondern wenn es die Mode verlangt,*
- *man kann einen Menschen mit einem Raum erschlagen wie mit einer Axt,*
- *die Architektur darf nicht der Befriedigung des Architekten dienen, sondern soll dem Bewohner nutzen,*
- *nicht zu niedrige Räume für alternde Menschen,*
- *das Licht der Leuchtstoffröhre entkleidet die Gegenstände ihrer Schatten, auch die Menschen werden schattenlos,*
- *Asphalt und Beton sind stumm,*
- *ältere Menschen, die ihr Altwerden annehmen, suchen in der Natur und ihrer Wohnumwelt die Dunkelheit. Der Höhle, der sich alte Menschen wieder zuneigen, entspricht die Skala der dunklen Farben,*
- *nicht richtig ist, wenn der Farbgebende, der Architekt oder der Handwerker, seine eigenen Farbwünsche und Farbvorstellungen dem Bewohner aufdrückt,*
- *Vermeiden der Uniformität,*
- *die Konsequenz humaneren Lebens kann nur bedeuten, vom Innenraum her zu denken,*
- *die Helligkeit, die von Beleuchtungsfachleuten als Richtwert genannt wird, ist unbedingt zu hinterfragen, nicht nur Lesen und Denken verlangen verhaltenes Licht,*
- *dem Gestalter ist es möglich, dem Wunsch nach Geborgenheit nachzukommen, wenn er den Wunsch und die Forderung erkannt hat,*
- *Hauptziel ist nicht handwerkliche Perfektion, sondern eher die Gestaltung einer menschlichen, lebendigen Umwelt,*
- *Wünsche nach Privatheit, Intimität, Geborgenheit und Sicherheit müssen berücksichtigt werden.*

Aufgabenstellung für die verantwortlichen Beteiligten

Die Lösung der mit dem Wohnen im Alter verbundenen Probleme ist eine Gemeinschaftsaufgabe unserer Gesellschaft. Sie betrifft gleichermaßen:
- den Staat und die Kommune,
- den Politiker,
- die Bau- und Wohnungswirtschaft,
- die Architekten und Innenarchitekten,
- die Kirche und karitative Organisationen,
- die Designer,
- die Möbelindustrie und den Handel,
- den Handwerker.

Wichtigster Ausgangspunkt ist das elementarste Bedürfnis älterer Menschen – die selbstständige Lebensführung.

Bei diesem berechtigten Wunsch, der sicher früher oder später auch der eigene Wunsch werden wird, sollen die alten Menschen unterstützt werden, damit sie in ihrem bisherigen Lebensraum, also in ihrer eigenen Wohnung, bleiben können, um ihren Lebensabend in Privatheit, Geborgenheit und Sicherheit verbringen zu können, so lange es geht.

Der Politiker ist aufgefordert festzustellen, wie ältere Menschen heute in unserem Staat leben und wie sie morgen leben wollen. Damit hat die Bundesregierung in einer Reihe von Untersuchungen begonnen. Zu nennen sind beispielsweise die Altenberichte zur Lebenssituation älterer Menschen in Deutschland.

Damit die Möglichkeiten für die Verwirklichung der erkannten Bedürfnisse geschaffen werden können, gilt es, die Weichen entsprechend zu stellen. Dass dies eine Regierung kann, lässt sich am Beispiel Dänemarks ablesen, das ein flächendeckendes Netzwerk für die mobile Alten- und Behindertenbetreuung aufgebaut hat, in dem Krankenhäuser, Stadtverwaltungen und niedergelassene Ärzte reibungslos zusammenarbeiten.

Durch entsprechende Öffentlichkeitsarbeit muss die gesellschaftliche Stellung des älteren Menschen verbessert werden:
- Wir wollen die Kompetenzen älterer Menschen für unsere Gesellschaft nutzen und erhalten, sowie ihre Lebensleistung, die sie für die Gesellschaft erbracht haben, besser anerkennen.
- *In unserer Gesellschaft sollte der Begriff „age irrelevant society" – eine Gesellschaft, in der das Alter ihrer Mitglieder keine Rolle spielt – geläufig werden.*
- *Die Lösung der Armutsfrage vor allem der älteren Menschen in den östlichen Bundesländern gehört mit in das Reformpaket, das zur Bewältigung der Zukunftsprobleme geschnürt werden muss.*

Weiter wird es erforderlich sein:
- *Im Umbruch befindliche soziale Versorgungssysteme zu erkennen und neue Netzwerke mit einem Spektrum an Dienstleistungen anzuregen, zu fördern und ihren*

Aufbau mit materiellen Anreizen zu begüstigen.
- *Die Akteure an der Schnittstelle zwischen Sozial- und Wohnungspolitik sind aufgerufen, neuen Konzeptionen wie Betreutem Wohnen, Jung-Alt-Projekten oder Integriertem Wohnen zu einer größeren Verbreitung zu verhelfen.*

Die Architekten und die, die sonst noch Baupläne einreichen können, werden zusammen mit der Bau- und Wohnungswirtschaft, mit Genossenschaften, Immobilienfonds, Stiftungen und anderen Geldgebern und mit den Gemeinden die gesetzten Ziele verwirklichen müssen:
- *Zukünftig steht die Wohnungswirtschaft vor der Aufgabe, neue Wohnformen zu entwickeln, die beide Aspekte-Eigenständigkeit und Sicherheit – miteinander verbinden.*
- *Es gilt, Wohnraum zu schaffen, der für die angesprochene Zielgruppe bezahlbar ist, der ein hohes Maß an Wohnsicherheit und die Möglichkeiten für die Etablierung sozialer Kontakte bietet, gleichzeitig aber auch „ganz normale" Wohnzusammenhänge ermöglicht, wie sie bei speziellen Angeboten für ältere Menschen meist nicht anzutreffen sind.*

Gleichzeitig muß die bestehende Wohnsubstanz in bezug auf die offengelegten Forderungen zusammen mit dem alten Menschen umgeplant und umgebaut werden:
- *Wohnungen sollen je nach Familienstand zu vergrößern oder zu verkleinern sein. Wohnungs-Trennwände sollten Durchgänge haben, die man nutzen oder stillegen kann.*
- *Gesucht werden Lösungen zur nachträglichen altengerechten Ausstattung und Veränderung des Grundrisses.*
- *Durch Wohnanpassung können mehr Menschen zu Hause alt werden. Je früher eine Anpassung der Wohnung erfolgt, desto einfacher ist es.*

In der stadtplanerischen Tätigkeit und in den Bebauungsplänen sollte es unter anderem darum gehen:
- *ältere Menschen in das tägliche Leben einzubauen,*
- *ältere Menschen mit ihren Wohnungen nicht an die Stadtränder oder „ins Grüne" zu planen,*
- *die Wege zum Arzt, zum Einkaufen und zur Cafeteria kürzer und flacher zu gestalten,*
- *den alten Menschen in der Verkehrsplanung zu beachten,*
- *Straßenplätze, Cafés und Biergärten zu erhalten.*

Bei widersprüchlichen Aussagen wie den folgenden sollte der Architekt Klarheit schaffen:
- Wenn nur noch rollstuhlgerecht gebaut würde, das heißt also, mehr Platz in den Wohnungen eingeplant und jedes Haus mit einem Lift ausgestattet würde, dann wäre das von den Kosten her politisch nicht vertretbar.
- Architekt Johann Ebe hat in „seiner" Deggendorfer Anlage zwei aufschlußreiche Erfahrungen gemacht:
  1. Rollstuhlfahrer benötigen nicht – wie Fachleute immer wieder behaupten – 20 % mehr Platz, sondern lediglich 8,5 %.
  2. Barrierefreies Wohnen ist nicht wesentlich teurer als die herkömmliche Art, Häuser zu errichten. Für barrierefreies Wohnen sind nur 5,8 % der reinen Baukosten zu veranschlagen.
- Barrierefreie Wohnungen sind nur etwa 3 bis 6 % größer als üblich und kosten meist 3 % mehr.

Karitative Einrichtungen oder professionelle Dienstleister sind gehalten, den Wünschen und Forderungen der alten Menschen dahingehend zu entsprechen, dass sie Serviceleistungen unterschiedlicher Art und mobile Hilfsdienste, die billiger sind als ein Altenheimplatz, flankierend zu den verschiedenen Wohnformen organisieren, anbieten und durchführen. Diese Serviceleistungen sollte der alte Mensch im Bedarfsfall in Anspruch nehmen können und auch nur im Bedarfsfall bezahlen müssen.

Weiterhin wird es darum gehen, die Einrichtung von Tageskliniken, Tagespflegeheimen oder Rehabilitationszentren für die ambulante oder stationäre Behandlung älterer Menschen zu fördern.

Das alles aber sollte bezahlbar sein und hier tauchen bereits berechtigte Fragen auf, wenn eine Stunde Spazierengehen heute bereits an die 40 Euro kostet?

In Amerika gibt es bereits eine Menge von Transgenerationsprodukten – zu gebrauchen gleichermaßen von Enkel und Oma. Wenn Junge und Alte diese Produkte kaufen und benutzen, können höhere Stückzahlen produziert werden. Die Artikel sind billiger und der immer wieder angeführte verkaufspsychologische Einwand, dass ältere Menschen jung bleiben und nicht zugeben wollen, dass sie alt sind und deshalb auch keine Produkte kaufen wollen, die ausschließlich für sie entworfen wurden, hat keine Gültigkeit mehr.

Bei den inzwischen bekannten Zahlen von möglichen Kunden heute und zukünftig wird es Zeit, dass sich der Designer mit den Gebrauchsgegenständen aus der Umgebung der älter werdenden und alten Menschen endlich konkret befasst, und zwar mit:

- Kommunikationssystemen,
- elektrischen Bedienungselementen,
- sinnvollen Benutzeroberflächen technischer Geräte,
- Alltagshilfen wie speziellen Bestecken oder Greifzangen,
- Möbeln,
- Beschlags-Systemen von Fenstern und Türen,
- einem Auto, das die Bedürfnisse älterer Menschen beinhaltet
- oder mit Sicherungssystemen.

Die Ergebnisse der letzten Designwettbewerbe zu diesem Thema sind dürftig ausgefallen. Sie zeigen, dass schnell und intelligent reagiert und vor allem die zum Thema gehörende Theorie vermittelt und in brauchbare Gegenstände umgewandelt werden muss, ganz gleich, ob es sich um Transgenerationsprodukte handelt oder um solche, die ausschließlich für ältere und alte Menschen gefertigt werden.

Häufig gilt:

- wo kein Markt erkannt worden ist, wird nichts recherchiert, nichts analysiert, wird nichts in Auftrag gegeben, fehlen Impulse und Ideen,
- wo der Außendienst intensiv geschult werden und lernen muss, werden die Produkte zum Problem und bleiben stiefmütterlich behandelt.

Mit dem Design, das die Möbelindustrie in Auftrag gibt, sieht es nicht besser aus. An den angebotenen Produkten kann man erkennen, dass das Thema „Möbel für alte Menschen" bisher noch wenig Einzug in die Designbüros und Geschäftsleitungen gefunden hat. Vereinzelt erhält man Antwort auf gestellte Fragen – vor allem im Bereich der Pflegemöbel, denn dieser Markt wurde erkannt. Der Handel hat die gleichen Probleme – eine Information zum Thema fehlt fast ganz, bedarfsgerechte Produkte sind kaum zu finden, sodass man sich die Fragen stellt:

- Wo sind die anpassbaren Küchen?
- Sind die passenden Haushaltsgeräte dazu mit Sonderfunktionen im Handel zu annehmbaren Preisen erhältlich?
- Wie sieht ein Schrank aus, dessen benutzbare Höhe 1,70 m nicht überschreiten darf und dessen Drehtüren nicht im Weg sind, wenn man mit dem Rollstuhl oder der Gehhilfe vor ihm steht?
- Muss da nicht von Bisherigem Abschied genommen werden und sind nicht andere Schranksysteme nötig?
- Wie sehen die Bedienungs- und Versorgungselemente um ein Bett herum aus, in dem ein pflegebedürftiger Mensch lebt? Gibt es da nichts Ansprechenderes als mit Holz verkleidete Krankenhausmöbel?

Die *Aufgabenstellung* ist klar:
Ehrliches Auseinandersetzen mit dem Thema „Wohnen im Alter" und die Ableitung sinnvoller und bedarfsgerechter Möbel, Schulung des Handels und Außendienstes als Nahtstelle zwischen Hersteller und Verbraucher.

Kommen wir zur Aufgabenstellung derer, die die Pläne der Architekten, die neuen Produkte der Designer, die Deutschen Industrie- Normen und die Wünsche der alten Menschen verwirklichen sollen: die Handwerker.

Sie sind es, die sich in der Realität des Innenausbaus oder der Herstellung neuer Möbel am meisten mit dem Detail befassen müssen. Sie werden, auch ohne Pläne des Architekten und des Designers, vom alten Menschen in dessen Wohnung gerufen, um dort anzupassen, umzubauen, zu reparieren und zu erneuern. Daraus folgt, dass gerade die Handwerker am allerbesten darüber informiert sein sollten, was zu tun ist und welche Forderungen und Bedürfnisse ältere und alte Menschen haben – bis ins Detail. Dies betrifft den Schreiner genauso wie den Maurer, den Elektro- und den Sanitärinstallateur oder den Maler.

Es wird deshalb zur wesentlichen Aufgabe dieser Gruppe gehören, sich durch Literatur, Schulungen und Seminare an Fachinstituten, wie dem Institut der Holzwirtschaft und Kunststofftechnik in Rosenheim Einblick in die Materie zu verschaffen.

Die Praxis zeigt, dass auch hier noch viel Öffentlichkeitsarbeit getätigt werden muss, um Verständnis und Bewusstsein für die Sache zu bilden und dass die Ausbildung der Handwerker das Thema schon in der Berufsschule aufnehmen sollte.

Das altengerechte Umfeld für alte Menschen außerhalb des Hauses

Um die Aufgabenstellung sichtbar zu machen, ist es erforderlich, alle zum Umfeld des alten Menschen gehörenden Teilbereiche aufzuschlüsseln. Wir haben es nicht nur mit der Wohnung und dem Haus zu tun, wenn wir an Anpassung, Umbau, Möbel, neue Produkte und Neuorientierung denken, sondern auch mit den Bereichen, in denen sich der alte Mensch außerdem bewegt.

Die Grafik soll einen Überblick geben, und im Anschluß daran werden die einzelnen Teilbereiche besprochen, vor allem diejenigen, die neue Aufgaben vermuten lassen.

Altenfürsorgesysteme

Am Beispiel des Sozial-Fürsorgesystems Dänemark wird deutlich, dass es möglich ist, ein flächendeckendes Netzwerk für die mobile Alten- und Behindertenbetreuung aufzubauen, wenn man das erforderliche Verständnis dafür hat.

Im Sozialhilfegesetz von 1974 machte der dänische Staat es sich zum Grundprinzip, den

Anbindung an das Umfeld

Bedürfnissen des Einzelnen insgesamt Vorrang einzuräumen.

Die Politik für die Gruppe der älteren Bürger muss flexibel sein und selbst für den Schwächsten ein gewisses Maß an Selbstbestimmung und Sicherheit vorsehen. Das bedeutet, dass die öffentliche Hand den Rahmen schaffen muss, innerhalb dessen die älteren Leute selbst ihr Leben gestalten sollten.

Alte dänische Menschen erhalten damit die Chance, so lange wie möglich in ihrer eigenen, angestammten Wohnung zu bleiben und dort selbstständig zu leben – unterstützt vom Staat und der Kommune:

- *Wer „Essen auf Rädern" braucht, erhält einen Mikrowellenherd, um die tiefgefrorenen Speisen aufwärmen zu können.*
- *Wer die Anfahrt nicht ohne Hilfe bewältigen kann, bekommt das Taxi ins Seniorenzentrum bezahlt.*
- *Permanente und kostenlose Haushaltshilfe wird angeboten.*
- *Die Unterbringung der älteren Leute ist allgemein als unabhängiges Wohnen ohne institutionellen Charakter geregelt.*
- *Es ist möglich, bei Krankheit und Unfall schnelle Hilfe zu leisten.*

Sozialleistungen zu empfangen, sollte niemals ein Zweck an sich sein, sondern lediglich als ein Mittel angesehen werden, in erster Linie dem Empfänger zu helfen, sich selbst zu helfen.

Das dänische Modell kann als das fortschrittlichste in Europa betrachtet werden.

Das deutsche Sozial-Fürsorgesystem zeigt, dass der Staat zwar die Probleme der alten Menschen erkannt hat und sich bemüht, den Bedürfnissen und Forderungen gerecht zu werden, aber es ist auch abzulesen, dass die Versorgungsmöglichkeiten nicht so weit vorangeschritten und verzahnt sein können wie in Dänemark, wenn erst 1993, erstmals in der Geschichte der Bundesrepublik, ein Bericht zur Lebenssituation älterer Menschen vorgelegt wurde. Vor allem ging es darum, das in der Öffentlichkeit noch weit verbreitete Bild zu korrigieren, nach dem der ältere Mensch inkompetent, hinfällig, nicht ernst zu nehmen und vergesslich sei. Der erste Altenbericht trug dazu bei, auch ein realistischeres und differenzierteres Altersbild entgegenzusetzen.

Inzwischen sind weitere Altenberichte hinzugekommen: Wohnen im Alter, Alter und Gesellschaft, Risiken, Lebensqualität und Versorgung Hochaltriger, Potenziale des Alters in Wirtschaft und Gesellschaft, Altersbilder in der Gesellschaft, Sorge und Mitverantwortung in der Kommune und der achte Altenbericht befasst sich mit dem Thema ältere Menschen und Digitalisierung.

Hinzugekommen sind nun auch Dokumentationen über Veranstaltungen zum Thema Wohnanpassung und Wohnberatung, Fachmesse wie z. B. die RehaCare, Literatur und Videos sind erhältlich, Studienführer werden angeboten und die Seniorenratgeber der Landkreise bieten wertvolle Informationen.

In der Schweiz hat es solche Lageberichte nicht gegeben. Allerdings existieren dort, verteilt über alle Kantone, Beratungsstellen der Institution Pro Senectute, die sich für das Wohl, die Würde und die Rechte älterer Menschen in der Schweiz engagieren.

In Österreich erschien der 1. Altenbericht im Jahr 2000. Er wird durch weitere Berichte im Abstand von zehn Jahren ergänzt.

Ambulante und mobile Hilfsdienste, Service-Zentren

Um die Selbstständigkeit in den eigenen vier Wänden zu ermöglichen, wird von privaten Firmen und karitativen Wohlfahrtsverbänden eine ganze Menge von ambulanten professionellen Serviceleistungen angeboten. Je weniger die eigene Familie die Hilfe und Pflege übernehmen kann und will, desto wichtiger sind diese Hilfs- und Pflegedienste, die der alte Mensch je nach Bedarf abrufen kann und auch nur im Bedarfsfall bezahlen muss.

Zu den Wohlfahrtsverbänden zählt das Deutsche Rote Kreuz, die Caritas, die Diakonie oder die Arbeiterwohlfahrt. Für die Unkosten kommen Pflege- und Krankenversicherungen oder das Sozialamt auf. Die öffentliche Hand, aber auch der Verbraucher bezahlt.

Privat organisierte Hilfsdienste sind zum Beispiel der Johanniter oder der Malteser Hilfsdienst.
Sie bieten unter anderem an:
- Essen auf Rädern,
- häusliche Krankenpflege,
- Besuchs- und Betreuungsdienste,
- Einkaufen, Reinigung der Wohnung,
- Erledigen von Schriftverkehr,
- Begleitung bei Spaziergängen oder beim Arztbesuch,
- Hausmeisterdienste,
- Fahrten in die Tagespflegestätte,
- Fördern der Geselligkeit und Nachbarschaftshilfe,
- Hilfen im Haushalt,
- Spazierengehen,
- Schlüsseldeponie,
- Medikamentennotdienst,
- Haustierversorgung bei Krankheit,
- Behindertenfahrdienst ins Theater, zu Sportveranstaltungen, ins Kino,
- Hausnotrufdienst,
- Hilfsmittelverleih,
- Seniorengymnastik,
- Kurse, Seminare,
- Seniorenclub,
- Alten- und Behindertenarbeit,
- Angebote zur Gestaltung der Freizeit,
- Ausflüge und Ferienreisen,
- Rückholdienste aus dem Ausland.

Ein Koordinationszentrum für alle sozialen Dienstleistungen in einer Stadt ist zum Beispiel die BeWo Begleitet Wohnen GmbH in

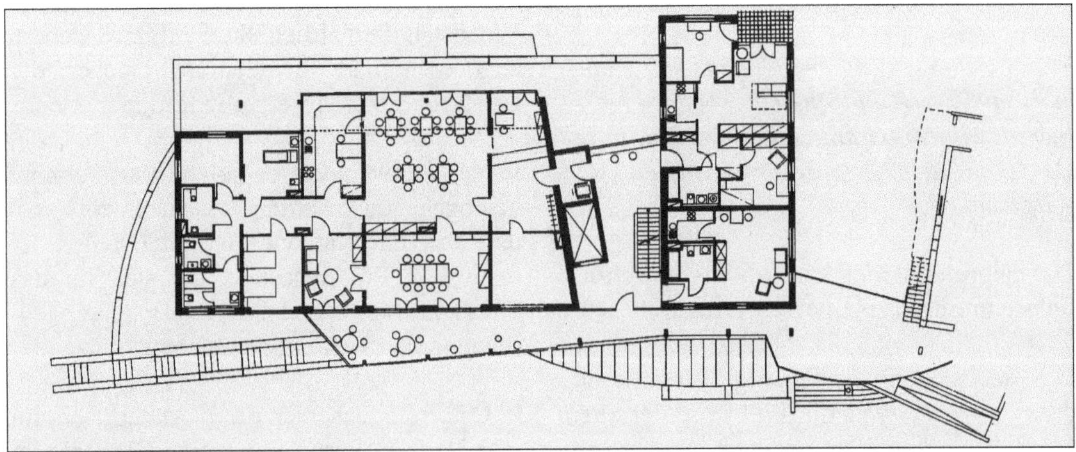

Grundriss einer Tagespflege 2. OG (Aus „Wohnen ohne Barrieren" – Bayerisches Staatsministerium des Inneren)

Vellmar. Durch sie kann eine Vielzahl von Leistungen für den individuellen Bedarf des einzelnen Menschen organisiert werden, und das nicht nur in Verbindung mit seniorengerechten Wohnanlagen und fest gebuchten Betreuungspaketen.

Service-Zentren sind mittlerweile zum gesellschaftlichen Mittelpunkt für alte Leute geworden. In ihnen wird gespielt, Sport getrieben, kreativ gestaltet, diskutiert, gelernt, geholfen, beraten, Hilfe vermittelt und es werden Erfahrungen ausgetauscht.

Für unsere Überlegungen der Anpassung des Umfelds alter Menschen lassen sich folgende Punkte ableiten:

- altengerechtes und barrierefreies Bauen,
- Ausbauen und Einrichten von Service-Zentren,
- Weiterentwickeln von Notrufsystemen,
- Initiieren von Überlegungen, die auch das Taxi für den älteren Menschen brauchbar machen,
- Entwickeln von Geräten und Hilfsmitteln für die häusliche Krankenpflege,
- Transport, Aufbewahrungs- und Wärmesysteme für Essen auf Rädern,
- Entwickeln von speziellen Gymnastikgeräten und Trainingseinrichtungen für ältere Menschen, die sich in den normalen Fitnes-Studios nicht zurechtfinden oder wohlfühlen.

Tagesklinik, Tagespflege, Rehabilitationszentren

Das Leben in den eigenen vier Wänden kann ab einem gewissen Alter mühselig werden, da die Mobilität nachläßt oder Isolation droht. Für die Versorgung bei medizinischen Problemen, die einen stationären Aufenthalt in einer Klinik nicht erfordern, steht den Alten die Tagesklinik zur Verfügung.

Tagespflegeheime geben die Möglichkeit, wie Service-Zentren auch, sich tagsüber versorgen und pflegen zu lassen. Am Abend und am Wochenende ist man wieder in seinen eigenen vier Wänden. Der Grundriss (Seite 24) zeigt eine solche Tagespflege-Einrichtung für 24 ältere Menschen mit Garderobe, Gemeinschaftsräumen, Küche, Ruheraum, Toiletten, Behindertentoilette und Bad.

Rehabilitationszentren, sofern vorhanden, sollen alten Menschen die Möglichkeit geben, sich nach Krankheit oder nach Unfall wiederherzustellen. Es gilt, diese Zentren verstärkt zu planen, zu bauen und altengerecht einzurichten.

Altengerechte Fertighäuser

Die Fertighausindustrie hat in vielen Bereichen in Deutschland Musterhäuser aufgebaut, so zum Beispiel im Bauzentrum Poing bei München, in denen Barrierefreiheit und rollstuhlgerechtes Wohnen angesehen, ausprobiert und bestellt werden kann. Mit dieser Investition können die Hersteller Häuser verkaufen, die individuell angepasst, altengerecht und barrierefrei sind, die von vornherein altengerecht geplant und gebaut sind und sich im Alter kostengünstig an die Situation anpassen und nachrüsten lassen.

Modulares Hauskonzept der Firma Onoxo Home

Die Häuser sind schwellenlos, mit ausreichenden Bewegungsflächen, breiten Türen und breiten, nicht gewendelten Treppen. Auch der Behinderte kann sich dort sein individuell auf ihn abgestimmtes Haus bauen lassen. Doch die Häuser sind relativ groß – ab etwa 140 m^2 und ihre Herstellung ist nach wie vor nicht billig, weil sich die Kosten in den letzten Jahren wenig verändert haben. Aus dieser Situation haben sich Trends entwickelt zur Elementierung, zur Typisierung und zum Selbstausbau. Leider sind darunter nur wenige kleine, kostengünstige, altengerechte, barrierefreie und aus Fertigteilen zusammengesetzte Fertighäuser für die alt gewordenen Eltern, die den Kindern das inzwischen zu groß gewordene Haus überlassen haben, zu finden.

Ein positives Beispiel ist das modulare Hauskonzept der Firma Onoxo Home mit einer Quadratmetergröße von etwa 55 m^2.

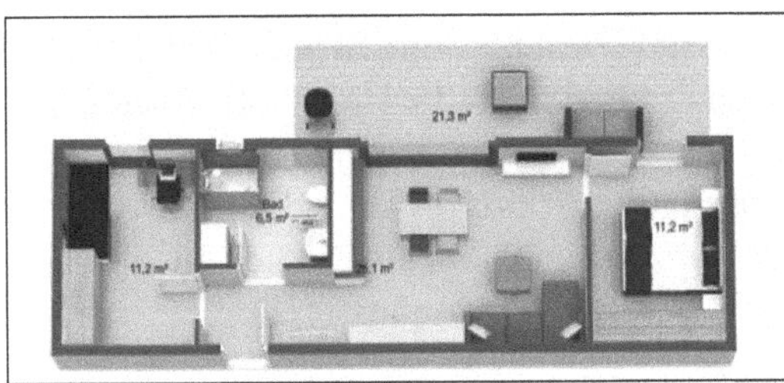

Modulares Hauskonzept der Firma Onoxo Home

Die Kommune ist aufgefordert, eine solche Bebauung auch auf engerem Raum zu genehmigen.

Denkbar wäre somit die moderne Version eines sogenannten „Altenteiles“ früherer Bauernhöfe. An diesen Austragshäusern wird gezeigt, wie Wohn- und Arbeitsraum für die mehrköpfige Familie freigemacht wird, indem die Eltern in ein kleines Haus auf dem gleichen Grundstück ziehen.

Arzt, Apotheke und Supermarkt

Die Wege für ältere Menschen zum Arzt, zur Apotheke und zum Supermarkt sollten möglichst kurz, flach, schwellen-, neigungs- und steigungsfrei sein.

Wie sieht es mit der Arztpraxis, der Apotheke und dem Supermarkt oder dem Laden aus? Ist dort barrierefrei und altengerecht gestaltet und eingerichtet worden? Sind die Einrichtungen leicht zu erreichen, die Türen breit genug, die Waren ohne Probleme für die alten Menschen aus den Warenträgern zu entnehmen und zu transportieren? Ist das Wartezimmer altengerecht und der Einkaufswagen leichtläufig und lässt er sich gefüllt auch noch vom alten Menschen manövrieren? Rollt der Einkaufswagen draußen auf dem geneigten Parkplatz nicht davon?

Kann der Sehbehinderte alles lesen, was geschrieben und ausgezeichnet ist, und sind die Kanten der freistehenden Gondeln und Regale kontrastreich gekennzeichnet, damit es nicht zu Unfällen kommt? Haben die Praxiseinrichter, die Apothekenbauer oder der Ladenbau insgesamt darüber nachgedacht, ob die Bedürfnisse und Forderungen älterer Menschen nicht grundlegend in Planungs- und Entwicklungsaufgaben einfließen sollten? Der Ladenbauverband erklärt, dass es im Ladenbaubereich keine speziellen Einrichtungen für Senioren gibt. Sehr wohl wird aber bei der Planung von Läden an Senioren gedacht: Gangbreiten, Übersichtlichkeit im Markt, geeignete Griffhöhen oder gut lesbare Beschriftungen. Hinzukommen Überlegungen hinsichtlich einer optimalen Beleuchtung, tritt- und rutschfesten Bodenbelägen, Ruhezonen und Sitzgelegenheiten. Neu sind Überlegungen zu „langsamen“ Kassen, an denen der Kunde mehr Zeit hat, seine Waren aufzulegen und sein Tempo bestimmen kann.

Beratungsbüros „Wohnen im Alter"

Für die Verwirklichung und Umsetzung von Vorgaben beim Neubau, für Anpassungsmaßnahmen und Umbauten einschließlich der damit verbundenen Kostenermittlungen, aber auch für Design- und Innenausbauprobleme aus dem Umfeld alter oder behinderter Mieter, Wohnungseigentümer oder Bauherrn sowie für den Handwerker, den Einrichtungshandel und den Hersteller von Möbeln und neuen Produkten wäre ein flächendeckendes Netz von Beratungsbüros logisch und sinnvoll. Aber das ist erst im Aufbau.

In Bayern zum Beispiel hat die Bayerische Architektenkammer seit 1984 eigene Beratungsstellen für behindertengerechtes Planen und Bauen. Inzwischen sind es 18 Beratungsstellen geworden. Dort wird unter anderem angeboten: barrierefreies Bauen und Wohnen, Barrierefreiheit am Arbeitsplatz, barrierefreier Tourismus und andere Themen.

Das Sozialreferat der Stadt München unterhält eine gut frequentierte städtische Beratungsstelle für Wohnungsanpassung. Dort wird Rat und Hilfe im Alter gegeben, informiert, vermittelt und beraten über:

- ambulante Hilfen,
- teilstationäre Angebote,
- Wohnformen im Alter,
- Finanzierung und Zuständigkeiten,
- pflegerische Hilfen und
- psychologische Hilfen.

Eine weitere beispielhafte Beratungsstelle ist das Kompetenzzentrum Barrierefreies Wohnen in München.

Das Konzept: Durch Veränderungen im Leben wandeln sich auch die Anforderungen an die Wohnung. Dies ist besonders im Alter, bei Erkrankung oder Behinderung der Fall. Wohnen wird immer teurer. Billiger Wohnraum ist oft in schlechtem Zustand, doch soll trotz Verbesserungen die Miete bezahlbar bleiben. Die Beratungsstelle greift diese Problemlage auf. Sie unterstützt Mieter und Eigentümer in ihren Bemühungen, die vorhandene Wohnung auf die eigenen Bedürfnisse hin zu verändern, zu renovieren und zu modernisieren.

So vereinen sich in dieser Beratungsstelle die Projekte:

- Wohnungsanpassung im Alter, bei Krankheit und Behinderung,
- häusliche Rehabilitation,
- alles zum Thema „Wohnen für ältere Menschen in Stadt und Landkreis München" im Internet,
- Fachstelle Wohnberatung in Bayern.

Hier ist es das Ziel, seit 2000 gefördert durch das Bayerische Staatsministerium für Arbeit und Sozialordnung, Familie und Frauen, Wohnberatung und Wohnanpassung als flächendeckendes und qualifiziertes Beratungsangebot in Bayern voranzutreiben.

Das könnte in Zusammenarbeit mit den Seniorenbeauftragten, die in den Landratsämtern zunehmend berufen werden, dazu führen, dass auch zunehmend die Bevölkerung in ländlichen Gebieten beraten und betreut werden kann.

Eine wichtige Frage dabei ist auch, inwieweit ehrenamtliche und bezahlte Hilfskräfte eingesetzt werden können, wie zum Beispiel der Seniorenbegleiter. Eine fundierte Ausbildung dazu ist natürlich erforderlich.

Auskunft darüber, wie es damit in anderen Bundesländern bestellt ist, kann die Bundesarbeitsgemeinschaft Wohnanpassung geben.

Doch die Frage bleibt:
Genügt die Wohnanpassung vorhandener Wohnsubstanz bei plötzlich aufgetretener Behinderung und Einschränkung, wenn das Kind also schon in den Brunnen gefallen ist? Könnten wir die dann notwendige und immense Arbeitsleistung des Sozialpädagogen, des Psychologen, des Ergotherapeuten oder des ehrenamtlichen Mitgliedes eines Seniorenbeirates durch bessere Vorsorge nicht reduzieren?

Würde es nicht volkswirtschaftlich viel Geld sparen und eine Menge von Problemen gar nicht erst auftreten lassen, wenn wir uns präventiv mit dem Thema besser befassen würden oder wenn wir bei Neubau und Renovierung bereits vor Eintritt einer Behinderung vorausschauend bauen würden?

Denkbar wäre, dass Architektur-, Innenarchitektur- und Designbüros, der Handel und der Handwerker sich das notwendige Wissen aneignen und zukünftig beratend tätig werden. Die Möglichkeit der Aus- und Weiterbildung dazu wird an mehreren Stellen angeboten.

Nachbarschaft

Es wird unterschieden zwischen der „normalen Nachbarschaft" und einer Nachbarschaft, die sich durch eine spezielle Wohnform bildet und dann zum Beispiel nur aus Gleichaltrigen besteht. Aus der Art der Nachbarschaft leiten sich auch die Formen der Nachbarschaftshilfe ab, die für das selbstständige Wohnen des alten Menschen wichtig sind.

Alte Menschen im Hotel

Von vielen deutschen Hotels und Hotelketten, die zu diesem Thema befragt wurden, sind nur wenige Antworten eingegangen. Meist wurde nur über die Möglichkeit behindertengerechten Wohnens im Hotel Auskunft erteilt, wobei noch unterschieden wurde, ob nur die Gemeinschaftseinrichtungen oder auch die Zimmer behindertengerecht sind.

Der Deutsche Hotel- und Gaststättenverband hat noch keinen Leitfaden zum Thema barrierefreie Hotelplanung. Die wichtigen Aussagen zum Thema sind ihm aber bekannt:

- *Die Zahl reisender Senioren, die mit altengerechten Hotels und einer intensiven Betreuung angesprochen werden sollen, wächst.*
- *Vor allem der Behinderte mit deutlichen Beeinträchtigungen gleich ob jung oder alt, geht gern in solche speziell ausgestattete Hotels.*
- *Aus den Forderungen an den Verband ist das Projekt „Reisen für Alle" entstanden, das ein Kennzeichnungssystem entwickelt hat.*
- *Einige Ältere wollen nicht in Senioren-Hotels absteigen. Es werden Senioren-Gettos befürchtet.*
- *Regelrechte Gefahren bestehen in Hotel-Badezimmern. Sie müssten größer und anders gestaltet werden.*
- *Speisekarten und Innenstadtpläne sollten nicht mit zu kleinen Buchstaben geschrieben werden.*
- *Mindestens WLAN ist zur gewohnten Kommunikation geworden.*
- *Die Gäste wünschen sich bequeme Stühle im Restaurant.*
- *Das Ambiente soll Vertrauen, Familiengefühl und Ruhe ausstrahlen.*

Eine amerikanische Hotelkette bietet Senioren-Zimmer an:

- *Lampen in den Zimmern mit 100 Watt,*
- *TV-Bedienung mit großen Tasten,*
- *Wecker mit großen Ziffern,*
- *Telefon mit großen Tasten,*
- *zusätzliche Haltegriffe in den Duschen,*
- *Zimmer werden in der ersten Etage und als Nichtraucherzimmer angeboten,*
- *Türgriffe und Klinken sind leichter zu bedienen,*
- *guter Gepäckdienst,*
- *helle Farben, gute Beleuchtung,*
- *fluoreszierende Schalter,*
- *Minibar und Safe in Griffhöhe.*

Aus dieser Auflistung lässt sich erkennen, dass ein Nachdenken über das Wohnen der älteren Menschen im Hotel eingesetzt hat und erste Änderungen an Baukörper, Ausstattung und Einrichtung vorgenommen wurden. Leider sind diese Fortschritte bisher fast ausschließlich in amerikanischen oder fernöstlichen Hotelketten zu verzeichnen. Es wäre sicher denkbar, diese Erkenntnisse auch in Deutschland umzusetzen.

Verkehrsmittel

Die Beweglichkeit des alten Menschen ist ein wesentlicher Faktor für sein Wohlbefinden und für seine Einbindung ins tägliche Leben, sie hilft, Isolation zu vermeiden. Deshalb sind die Verfügbarkeit und Ausstattung von Nahverkehrsmitteln ebenso wichtig wie das Angebot von Bahn, Busunternehmen und Fluggesellschaften.

Nahezu jeder zweite im Straßenverkehr getötete Fußgänger ist älter als 65 Jahre. Die meisten Unfälle ereignen sich beim Überqueren der Fahrbahn, hauptsächlich an ungesicherten Stellen. Die Gründe dürften nicht zuletzt in nachlassender Daueraufmerksamkeit, verlangsamter Reaktion und altersbedingten Einschränkungen des Seh- und Hörvermögens liegen – Fehleinschätzung des Verkehrs.
(„Ungesichert“, Deutscher Verkehrssicherheitsrat, Bonn)

Was wird angeboten?

- Sichern der Übergänge,
- Schaffen von Unter- und Überführungen,
- Werben für defensives Fahrverhalten alten Menschen gegenüber,
- gezielte Gespräche, Broschüren und Schulungen für alte Menschen.

Für stark sehbehinderte Menschen, für Blinde und Behinderte müssen natürlich zusätzliche Einrichtungen geschaffen werden. Hier sei verwiesen auf die RiLSA (Richtlinie für Signalanlagen) und die DIN 32981 – Zusatzeinrichtungen für Blinde an Straßenverkehrsanlagen.

Hinzugekommen sind neue Hilfsmittel wie zum Beispiel die App BFW Smartinfo.
Sie ist ein Kennzeichnungs- und Orientierungssystem, das blinden und sehbehinderten Menschen ein Stück Unabhängigkeit und Lebensqualität zurückgibt. Einmal installiert gibt die App an bestimmten Stellen eines Gebäudes oder Geländes automatisch Texte aus, die Wichtiges erläutern oder bei der Orientierung helfen.
(BFW Würzburg GmbH)

Laut ADAC waren im Jahr 2000 rund 9 Millionen Männer und Frauen über 60 Jahre Autofahrer.

Niemand braucht das Automobil notwendiger als der alte Mensch. Ältere Menschen wollen beweglicher sein. Viele werden ihr Auto regelmäßig benutzen und somit auch ihre Fertigkeiten trainieren. Wir haben davon auszugehen, dass die durch das Auto mögliche Mobi-

lität ein eigener Wert ist, ein Besitzstand, der freiwillig nicht hergegeben wird.
(Aktivitäten für ältere Kraftfahrer – ADAC)

Dies könnte für die Autoindustrie und die dort beschäftigten Designer bedeuten, ein neues Auto für ältere Menschen zu entwickeln und anzubieten. Es müsste ausgestattet sein mit: Klarglasscheiben, einer Reinigungsanlage an Scheinwerfern, Servobremse und Servolenkung, Automatik, ABS, höheren Türen, ermüdungsfreien Sitzen, Rückfahrsensoren, Klimaanlage und anderem mehr.

Wie schon erläutert wurde, sollte es kein Senioren-Auto sein, denn alt werden und Seniorenprodukte in Anspruch nehmen zu müssen, wird nicht zugegeben. Folglich müsste es ein Auto sein, das von jedem zu benützen ist, die altengerechte Ausstattung aber bereits enthält: ein Trans-Generations-Produkt.

Auch im Bereich des Fahrens ändert sich einiges bei älteren Menschen:
- Sie sind sorgfältiger im Verkehr, halten sich eher an die Vorschriften, auch an Tempoangaben.
- Mit zunehmendem Alter lässt die Informationsaufnahme und die Informationsverarbeitung im Straßenverkehr deutlich nach.

Einige Gründe dafür:
- nachlassende Beweglichkeit behindert die Rundum-Verkehrsbeobachtung,
- Sehmängel bei Dämmerung,
- Altersweitsichtigkeit,
- Nachtblindheit,
- Schwerhörigkeit,
- Einfluß von Medikamenten.
- Das Unfallrisiko wächst mit zunehmendem Alter, auch wenn alte Menschen die niedrigste Verkehrsunfallbeteiligung aufweisen.

Der Deutsche Verkehrssicherheitsrat hat deshalb ein Schulungsprogramm für „Ältere aktive Kraftfahrer" entwickelt.

Für den Nahverkehr (Bus, Straßenbahn und Taxi) sind für ältere Menschen zu entwickeln:
- gut lesbare und verständliche Informationssysteme,
- gut lesbare und verständliche Angaben am Fahrscheinautomaten,
- lesbare Fahrpläne,
- begehbare Türen und Trittstufensysteme,
- freie Sitzplätze für Ältere und Behinderte,
- Haltestellen mit Warteplätzen,
- Werbung, die das Verständnis der Fahrgäste untereinander fördert.

Beim Taxi wird es auf die sichere und altengerechte Beschaffenheit des Wagens ankommen, aber viel wichtiger ist, nach Auskunft von Taxifahrern, das Verhalten und die Serviceleistung des Taxifahrers selbst.

Das Reisen älterer Menschen mit der Bahn gliedert sich in zwei Bereiche: Den Bahnhof als öffentliches Gebäude und den Zug selbst. Aus den Gesprächen mit der Bahn geht hervor, dass man sich mit der Gruppe der älteren Menschen und deren Bedürfnissen auseinandersetzt. Manche Aktivitäten wurden schon unternommen, ihre Umsetzung hat bisher aber nur teilweise stattgefunden:
- Erhöhen der Bahnsteige zum leichteren Einsteigen,
- Leitlinien für Sehbehinderte und Blinde,
- Gepäck-Transportservice,
- leicht zu bedienende Gepäckwagenalternativen (Kulis),
- automatisches Türöffnen und -schließen,
- Gepäckverstau-Alternativen im Zug (statt Hochheben ins „Netz"),
- verständliche Lautsprecheransagen. Wie oft verhallen die Ansagen in den nicht

schallgedämmten Bahnhofshallen?
- Verweileinrichtungen im Bahnhof, in denen man sich auch wohlfühlt und in denen man nicht gleich etwas verzehren muss.
- Keine blendenden, überleuchteten Hinweisschilder, wie zum Beispiel die roten Leuchtschriften hinter den verspiegelten Scheiben der IC-Züge, die man bei direkter Sonneneinstrahlung nicht lesen kann.
- Förderbänder, treppauf und treppab, die so oft nicht funktionieren.
- Lesbare Fahrpläne und
- Aufzüge.

Einrichtungen, die auf den Bahnhöfen zu finden sind, wie Warteräume, Restaurants, Kioske, Cafés, sanitäre Einrichtungen, Bücherläden oder Fahrkartenverkaufsschalter, sollten selbstverständlich ebenfalls unter dem Gesichtspunkt des altengerechten Umfelds betrachtet werden.

Die Schwachstellen des Flughafens ähneln jenen des Bahnhofs: Gepäcktransport über lange Strecken, Gehen auf langen Wegen, Sperren, die das Weiterbewegen eines Gepäckwagens plötzlich ohne angebotene Alternativen unterbrechen, Verirren wegen unzureichender Hinweise und Leitlinien, Eincheckschalter mit langen Wartereihen, keine erholsamen Wartelounges und Wartebereiche für den Normalreisenden – alles Dinge, mit denen schon der jüngere Mensch Probleme hat. Das Flugzeug lässt wegen seiner Technik nicht viel Platz für Sonderregelungen für ältere Menschen. Mit Sicherheit aber lassen sich auch dort Anpassungen finden.

Kommunikationsorte

Gerade hier hält sich der ältere Mensch häufig auf. Beim Kaffee spricht man gelegentlich schon vom „Zweiten Alterszuhause“. Folglich sollten die Betreiber dieser Gemeinschaftseinrichtungen bei Planung, Umbau und Einrichtung die spezifischen Forderungen älterer Menschen berücksichtigen und einbauen. Hier geht es nicht nur um verbesserte Serviceleistungen oder mehr Freundlichkeit – hier geht es um altengerechtes und auch barrierefreies Bauen und Ausstatten, um Sicherheit und Orientierung auch im Dunkeln zu gewährleisten, und die Möglichkeit, mit Auge und Ohr die gebotenen Vorführungen optimal verfolgen zu können.

Straßenverkehr und Sicherheit

Zu diesem Thema gibt es eine Deutsche Norm:
DIN 18040-3 Öffentlicher Verkehrs- und Freiraum. Barrierefreies Bauen für Straßen, Plätze, Wege, öffentliche Verkehrs- und Grünanlagen sowie Spielplätze. In dieser Norm wird eine ganze Menge für die älteren Menschen vereinheitlicht, aber auch für Behinderte und Kinder:

- *Bewegungsflächen,*
- *Tasterfassung von Ampelanlagen,*
- *Schildern,*
- *Telefonanlagen, Papierkörben, Fahrradständern usw.,*
- *Gefälle und Querneigungen von Gehwegen,*
- *Verweilplätze, optisch und taktil (ertastbar) wahrnehmbar,*
- *Treppen, Rampen, Aufzüge,*
- *Bordsteinbeschaffenheiten,*
- *Überquerungsstellen.*

Hiermit steht eine Arbeitsunterlage zur Verfügung, an der man sich orientieren kann und deren Teilinhalte auch im privaten Bereich anwendbar sind.

Altenheim, Pflegeheim, Klinik

Wenn der ältere Mensch zeitweise oder dauernd seine selbstständige Lebensführung aufgrund von Krankheit oder Behinderung nicht aufrechterhalten kann, so wechselt er, je nach seinem Zustand, in ein Alten- oder Pflegeheim oder in eine Klinik. Deshalb müssen auch diese Stationen alle altengerechten und barrierefreien Einrichtungen beinhalten, neben einem hohen Maß an Menschlichkeit und Verständnis.

Öffentliche Gebäude

Einrichtungen wie Ämter, Schwimmbäder, Lesesäle, Museen und andere gibt es eine Norm mit der Kennzeichnung DIN 18040-1 und sie ist im Gegensatz zum Wohnungsbau ein Muss. Wenig geregelt werden hier die Ausstattung und Einrichtung, die ebenfalls altengerecht sein sollten.

Altengerechte Hausumgebung

Wie für die öffentlichen Gebäude gibt es auch für das barrierefreie Wohnen eine Norm, die DIN 18040-2, auf die im nächsten Kapitel ausführlicher eingegangen wird.

Leider wird diese Norm in zu wenig Fällen beachtet und angewendet.

Aufgabenstellung: Sinnvoll wäre es, schon in der Planungsphase einer neuen Wohnanlage eine Wohnumfeldanalyse erstellen zu lassen, die im ersten Teil wesentliche Standortkriterien, wie die Verkehrsanbindung, Erreichbarkeit medizinischer Versorgung, das Heranschaffen des Tagesbedarfes an Nahrungsmitteln und Medikamenten oder die Erreichbarkeit kultureller Angebote beantwortet.

Was die Norm sagt: Altengerecht und barrierefrei außerhalb des Hauses

Wie es für die öffentlich zugängigen Gebäude und Arbeitsstätten die DIN 18040-1 gibt, so gibt es auch für das barrierefreie Wohnen eine Norm, die DIN 18040-2.

Diese Norm enthält die Angaben für Planung, Ausführung und Einrichtung von rollstuhlgerechten und von barrierefreien Wohnungen und Wohnanlagen. Erläuternde Leitfäden dazu sind von den Architektenkammern und Verbänden herausgegeben worden und können dort angefordert werden.

„Barrierefrei" bedeutet, dass jeder Bürger alles im Lebensraum, das barrierefrei gestaltet und gebaut wurde, betreten, befahren und selbständig, unabhängig und weitgehend ohne Hilfe benutzen kann.
(„Wohnen ohne Barrieren", 1992, Prof. Philippen)

Die Norm unterscheidet in ihrem Inhalt zwischen zwei Standards:
- *barrierefrei nutzbar,*
- *barrierefrei und uneingeschränkt mit dem Rollstuhl nutzbar.*

Die Standards unterscheiden sich insbesondere hinsichtlich einiger maßlicher Vorgaben. Im Standard „barrierefrei nutzbar" stellen die Mindestabmessungen auf die Benutzung von Gehhilfen und Bewegungseinschränkungen ab.
(„Barrierefreis Bauen" der Bayerischen Architektenkammer)

Für den Rollstuhlnutzer werden ersichtliche andere Maße für dessen Bewegungs- und Rangierflächen vorgegeben.

In der Schweiz hat eine solche Norm die Bezeichnung SIA 500 und sie gilt für behindertengerechtes und betagtengerechtes Bauen. Österreich nennt seine Norm ÖNormB 1600 – Barrierefreies Bauen.

Für die Barrierefreiheit von Produkten, Waren und Dienstleistungen nach einem „Design für Alle" Ansatz, ist die E DIN EN 17161 in der Entwurfsphase. Produkte sind beispielsweise Bedienelemente, Arbeitsgeräte, Ausstattungen und Einrichtungen. Barrierefreie Produkte werden allen Menschen den Alltag in vielen Lebensbereichen erleichtern.

Ebenfalls ein wesentlicher Schritt nach vorn ist mit dem „Gesetz zur Gleichstellung behinderter Menschen (Behindertengleichstellungsgesetz-BGG)" erreicht worden, das zum Beispiel vom Freistaat Bayern als einem der ersten Bundesländer verabschiedet wurde und das zu Änderungen in der Bayerischen Bauordnung geführt hat.

Gemäß §1 des BGG ist es das Ziel, die Benachteiligung von behinderten Menschen zu beseitigen und zu verhindern sowie die gleichberechtigte Teilhabe von behinderten Menschen am Leben in der Gesellschaft zu gewährleisten und ihnen eine selbstbestimmte Lebensführung zu ermöglichen.

(Bundesbaublatt 8/2002 „Auf dem Weg zur neuen DIN 18030" von Dagmar Everding und Karl Deters)

Auch in Österreich und der Schweiz wird es ähnliche Gleichstellungsgesetze geben.

Aber bleiben wir bei dem, was existiert:
In der Zeichnung ist als Beispiel eine Wohnanlage mit vier Häusern dargestellt, die in den Jahren 1990 bis 1991 gebaut wurde und die mit Miet- oder Eigentumswohnungen geplant ist. Wie schon erläutert, setzt sich die Umsetzung des barrierefreien Wohnens aus Kostengründen nur langsam, zunächst nur bei der öffentlichen Hand und selten bei den privaten Bauherrn, durch. Die planenden Architekten haben wenig Möglichkeiten. Sie können Barrierefreiheit vorschlagen, die letzte Entscheidung liegt aber beim Bauherren. Bei der schrittweisen Untersuchung der einzelnen Bereiche dieser Wohnanlage lassen sich die Forderungen für rollstuhlgerechtes oder barrierefreies Wohnen leicht sichtbar machen und erklären.

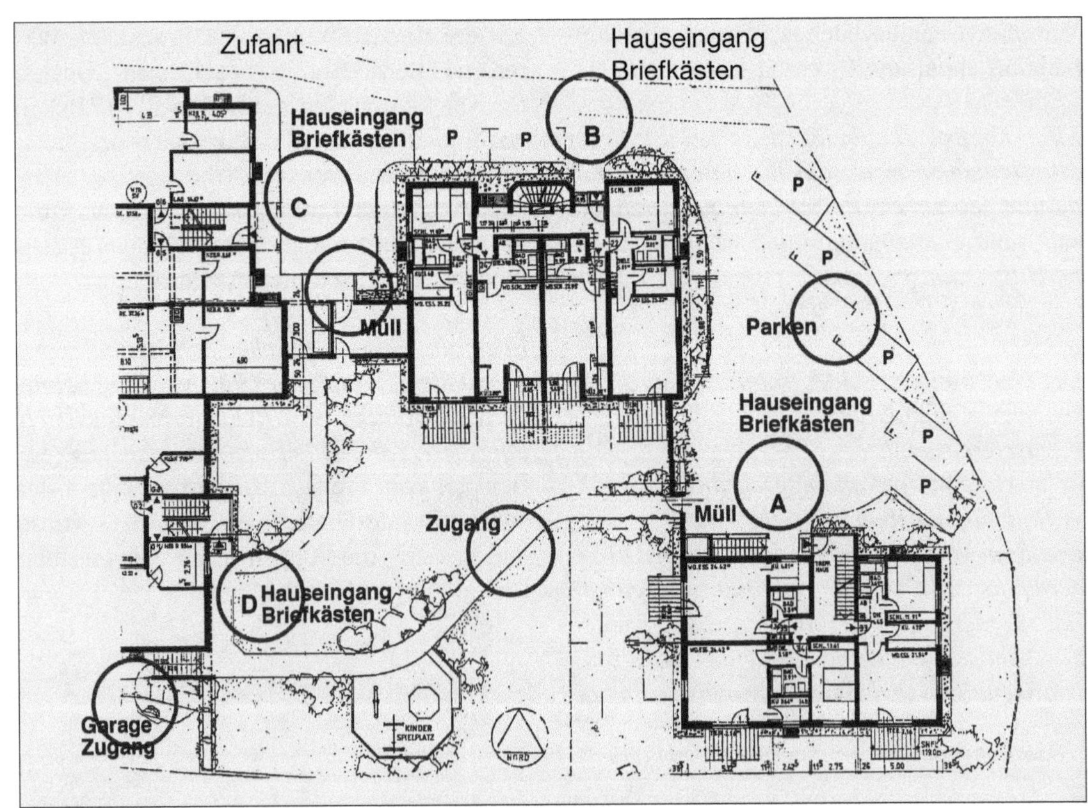

Beispiel einer Wohnanlage mit vier Häusern. Privater Bauherr. Nicht nach DIN 18040

Parken

Nur zwei der sieben Parkplätze ermöglichen es dem älteren Menschen oder dem Rollstuhlfahrer, leicht und mit einer notwendigen Bewegungsfläche von 1,50 m davor in das Auto einzusteigen, weil die Fahrertüren sich zur richtigen Seite öffnen und die Zufahrt Platz lässt. Die anderen fünf Parkplätze lassen nicht einmal einem „normalen" Fahrer Platz zum vernünftigen Aussteigen. Er muss sich auf wenigen Zentimetern Breite zwischen Auto und Grünflächenkante herausmogeln. Aufgrund der gesamten Platzverhältnisse ist nicht anzunehmen, dass die Bewohner ihre Fahrzeuge rückwärts einparken. Für ältere Menschen sind die Parkplätze ungeeignet. Die zwei brauchbaren Plätze sollten älteren Bewohnern zugewiesen werden. Sonst sind die Fahrzeuge in der Tiefgarage untergebracht. Auch hier gilt natürlich, dass ein Teil der Parkplätze dort ausreichenden Bewegungsraum haben muss. Der Zugang zur Garage geht über eine sehr steile Rampe, die im Winter vermutlich nur mit einem großen Einsatz begehbar gehalten werden kann. Von dort aus sind die Häuser nur über eine Treppe und einen langen Fußweg oder außen herum über die Straße und die Zufahrt zu erreichen. Mit Behinderungen ist das nicht einfach. Natürlich gibt es einen Zugang von der Tiefgarage über den Keller direkt in das Haus – aber leider ist kein Aufzug vorhanden, um schwere Einkäufe oder anderes in die Wohnung zu bringen.

Die wichtigsten Forderungen aus der DIN 18040-2:

- *3 % der Parkmöglichkeiten sollten eine zusätzliche Breite von 150 cm entlang des geparkten Fahrzeuges aufweisen.*
- *Das gleiche gilt für Parkplätze in der Garage.*
- *Die Garage muss schwellenfrei und stufenlos zu erreichen sein.*

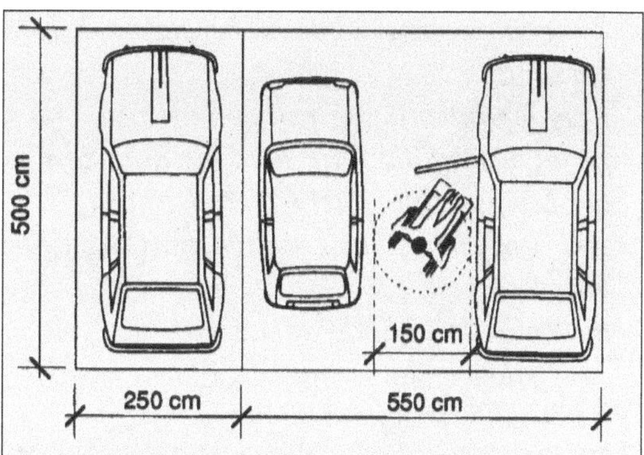

Mögliche Anordnung und Größe von Parkplätzen

- *Bei der Planung der Parkplätze ist darauf zu achten, dass auch größere Fahrzeuge wie Kleinbus, SUV oder Jeep Platz finden.*

Hinweis: Nach der Bayerischen Bauordnung hat ein Parkplatz im Freien eine Größe von 500 x 250 cm und in der Tiefgarage von 500 x 230 cm. Solche Festschreibungen gibt es auch für andere Bundesländer.

Zugänge

Der lange Weg vom Garagenzugang zum Haus A hat eine Breite von 1,50 m. Dies entspricht der DIN und Bewohner und Besucher können sich begegnen. Den Rollstuhlfahrer und den am Stock gehenden älteren Menschen behindert allerdings die relativ schmale Treppe zur Straße und das daran befindliche Gartentor. Eine seitliche Radabweisung ist an die Betonfläche des Weges nicht angebracht, sodass die Räder der Rollstühle oder Kinderwagen seitlich in das weichere Erdreich abrutschen können. Alle Zugänge weisen kein Längs- und kein Quergefälle auf.

Die wichtigsten Forderungen aus der DIN 18040-2:

- *schwellenfrei und ohne Stufen (Treppen sind in vielen Fällen nicht auszuschließen, aber in vielen Fällen vermeidbar),*

- *Wege mindestens 120 cm, besser noch 150 cm breit,*
- *Rampen Innenlichte 120 cm,*
- *kein Quergefälle (gilt auch für Rampen),*
- *ein Längsgefälle darf 6 % auf einer Länge von 6 m nicht überschreiten (gilt auch für eine Rampe),*
- *am Anfang und Ende solcher Schrägen muss eine waagerechte Bewegungsfläche von 150 x 150 cm sein (gilt auch für Rampen),*
- *Wege und Rampen sollten mit seitlichen, 10 cm hohen Radabweisern versehen sein, wenn das Gelände tiefer liegt oder weicher Boden ein Versinken von Rädern möglich macht (Umkippen von Rollstuhl und Kinderwagen),*
- *Oberflächen sollen glatt, eben, aber rutschhemmend sein, auch bei Feuchtigkeit,*
- *der Übergang vom Weg oder der Rampe in das Haus soll stufenlos und schwellenfrei sein,*
- *Oberflächen kontrastreich sehbar (also nicht grüne Betonfarbe in grünem Rasen),*
- *verschließende Tore 90 cm netto breit, Klinke in 85 cm Höhe,*
- *Torschließhilfe bis 6 N (6,5 kg Schließkraft),*
- *Rampen sind ab 3 % Längsgefälle erforderlich,*
- *lange Wege sollten von Sitzmöglichkeiten begleitet sein,*
- *bei Rampen ist ein beidseitiges Geländer von 85 cm Höhe erforderlich.*

Hauseingangstüren

Alle Eingänge der gezeigten Wohnanlage sind überdacht, was den Vorteil hat, dass niemand beim Aufschließen oder Suchen nach dem Schlüssel im Regen stehen muss. Dies sollte grundsätzlich so sein. Alle Eingänge haben die übliche Eingangsstufe mit dem eingelassenen Schmutzgitter.
Bei Haus A und B ist wenig Platz für die Briefkastenanlage. Der Eingang von Haus D ist nur durch den Müllplatz, durch den Radabstellplatz, über den langen Zugang von Haus A oder über die Straßentreppe zu erreichen. Aus den Plänen sind die Bewegungsflächen hinter den Drehtüren nicht ganz zu erkennen. Vermutlich wird 150 x 150 cm nicht erreicht.

Die wichtigsten Forderungen aus der DIN 18040-2:

- *es muss grundsätzlich auf die übliche Eingangsstufe verzichtet werden, keine Schwelle, keine Stufe,*
- *vor und hinter der Tür ist ein Bewegungsraum von etwa 150 x 150 cm nötig,*
- *Netto-Durchgangsbreite beträgt 90 cm,*
- *Türbeschläge und andere Bedienungselemente müssen 85 cm hoch sein,*

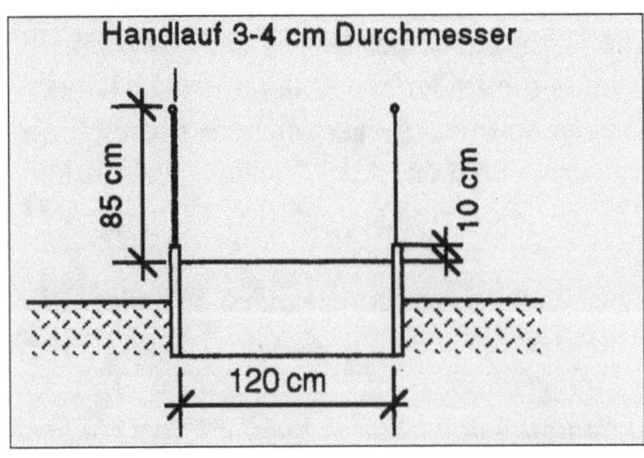

Schnitt durch eine Rampe

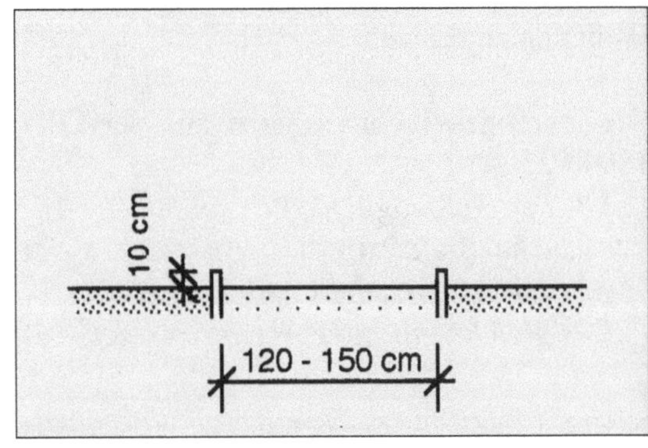

Schnitt durch einen Weg

Firma Gutjahr Balkon Detail

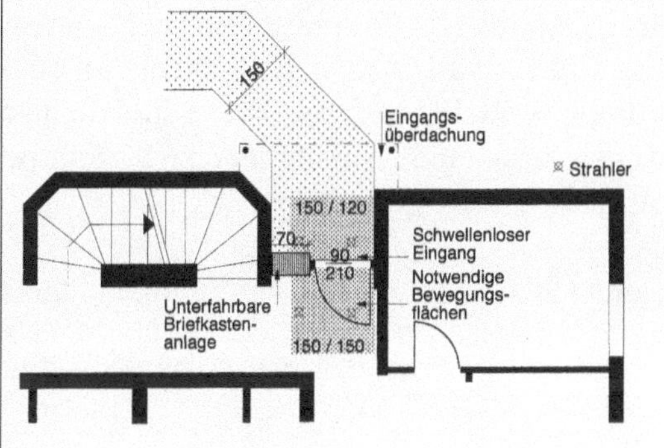

Altengerechter Hauseingang.

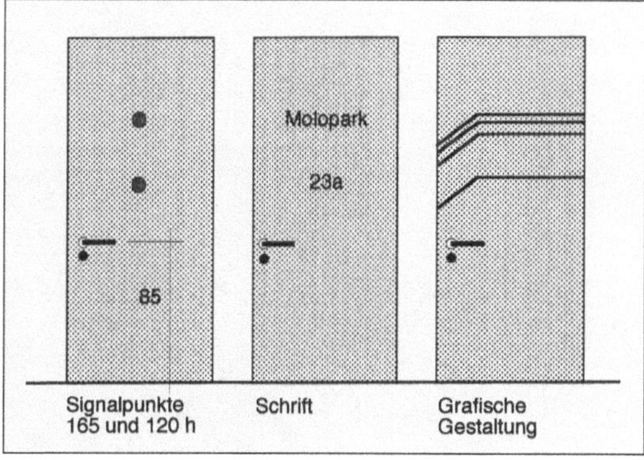

Große Glasflächen müssen kontrastreich gekennzeichnet sein

- *Türschilder mit ertastbarer Schrift und kontrastreicher Farbgebung,*
- *Türen sollen eine lichte Höhe von 210 cm haben,*
- *Bedienungselemente müssen ein sicheres und leichtes Zugreifen ermöglichen, sie dürfen nicht versenkt oder scharfkantig sein,*
- *Bedienungsvorrichtungen müssen einen seitlichen Abstand von mindestens 50 cm haben,*
- *große Glasflächen müssen kontrastreich gekennzeichnet sein,*
- *eine Türschließhilfe sollte 6 N nicht überschreiten* (das wird unter dem Thema Wohnungstüren erklärt).

Ein Zylinderschloss sollte leicht zu finden sein und gegebenenfalls mit einem Einführtrichter versehen sein, damit sich das Einstecken des Schlüssels auch von handbehinderten Menschen besser bewerkstelligen lässt.

Aufgabenstellung: Entwickeln von Schließzylindern, deren Schlüssel leichter einzuführen sind (Mulde, Trichter, Gleitschiene).

Die Haupteingangstür sollte im Bedarfsfall mit elektrischen Türschließhilfen ausgestattet oder mit schlüssellosen Techniken nachträglich ausgerüstet werden können.

Beleuchtung sinnvoll über Bewegungsmelder (Hände frei). Gut sichtbare und auch nachts lesbare Hausnummer (gut zu erkennen vom Notarzt im Notfall). Das Licht sollte so angebracht sein, dass es nicht Schatten auf Schloss, Namensschild oder Klingel wirft. Haustürdrücker sollten an den Enden nach innen abgewinkelt sein.

Gemeinschaftseinrichtungen

Hier sind die Briefkastenanlagen, Fahrradabstellplätze und vor allem die Müllentsorgungs-Einrichtungen gemeint. Garage und Parken wurde schon behandelt. Auch diese Anlagen müssen barrierefrei für alle sein. In der vorgestellten Wohnanlage wurden Großraumbehälter aus Stahl in gemauerte Nischen gestellt. Wer diese Großraumbehälter kennt, weiß, dass die Deckel sehr schwer zu öffnen und zu schließen sind.

Aufgabenstellung: Solche Müllbehälter bedienungsfreundlich für ältere und behinderte Menschen gestalten. Die Behälter sind auch relativ hoch, sodass ein im Rollstuhl Sitzender seinen Müll nur unter großer Körperanstrengung oder gar nicht entsorgen kann. Kinder haben ebenfalls große Schwierigkeiten.

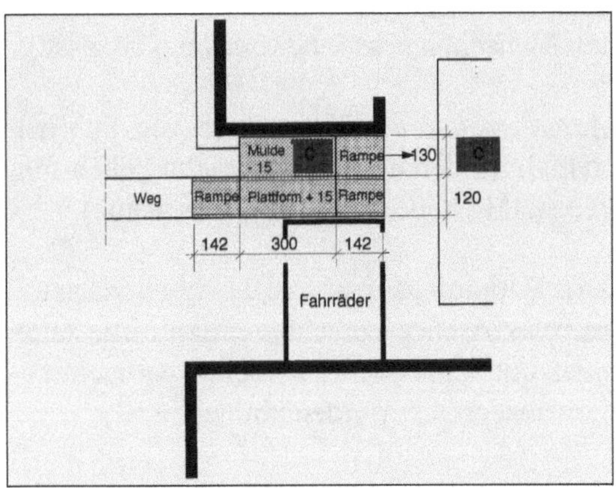

Bewegungsfläche und Platzbedarf vor Müllcontainer

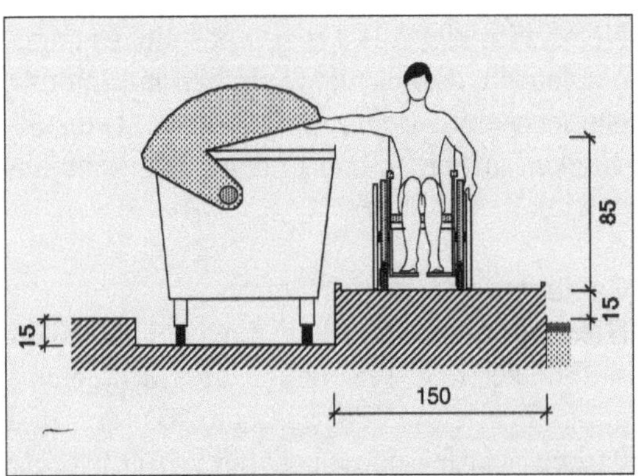

Bewegungsfläche und Platzbedarf vor Müllcontainer

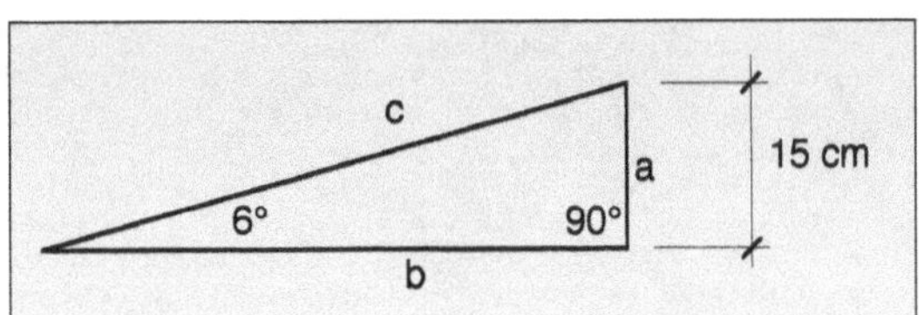

Formel: tan alpha = a : b b = a : tan 3,43° b = 15 : tan 3,43° = 250 cm

Ältere Menschen mit Bewegungsbehinderungen müssen die schweren Mülleimer hochheben, was oft nicht gelingt. Eine Rampe ist nicht vorhanden. Da aber im Grundstück genügend Platz vorhanden ist, hätte die Anlage nach DIN geplant und gebaut werden können. Die Behälter müssten seitlich anders an eine Rampe gestellt werden: Die Müllbehälter werden durch eine 250 cm lange 6 %-Rampe um 15 cm tiefer gestellt.

Der Gehbehinderte oder der Rollstuhlfahrer

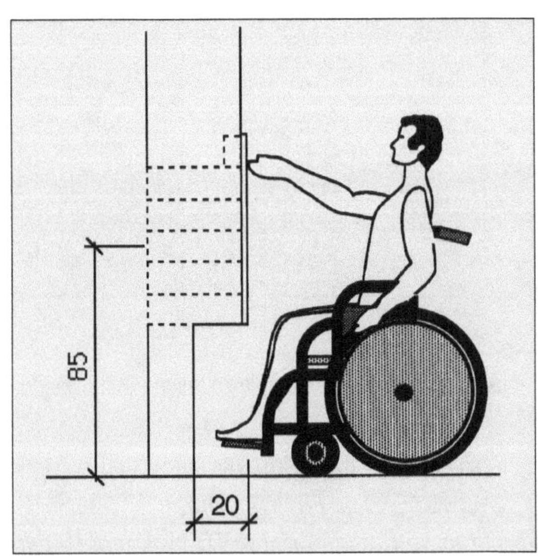

Unterfahrbarkeit von Briefkastenanlagen.

wird beidseitig über eine Rampe 15 cm höher geführt, der Müllcontainer wird in einer 15 cm tiefen Mulde aufgestellt. Damit müssen Müllbehälter der Wohnung nicht mehr auf eine Höhe von etwa 115 cm hochgehoben werden, sondern nur um 85 cm. Der Rollstuhlfahrer kann diese Tätigkeit im Sitzen ausführen.

Die Briefkastenanlagen sind in der Zeichnung nicht erkennbar, aber wir haben schon festgestellt, dass bei Haus A und B wenig Platz zur Verfügung steht, um sie bedarfsgerecht unterzubringen. Nur A und C wären überdacht, während die Anlage bei B und D im Freien stehen müsste. In der Vorplanung hätte dies aber leicht besser gestaltet werden können.

Die wichtigsten Forderungen aus der DIN 18040-2:

- *150 x 150 cm Bewegungsraum vor dem Müllsammler und der Briefkastenanlage,*
- *stufenlos und frei zugänglich,*
- *Anheben der Einwerfebene von Müllsammlern für Rollstuhlfahrer und ältere Menschen,*
- *Unterfahrbarkeit der Briefkastenanlage,*
- *Anbringen der Briefkastenanlage in einer richtigen Bedienungshöhe.*

Damit wären im Wesentlichen die Außenbereiche einer solchen Wohnanlage besprochen. Die DIN-Normen lassen Planungsspielraum zu und ein Weiterdenken macht Ergänzungen möglich. Mit der Zeit wird auch die Produktpalette für den Außenbereich umfangreicher werden.

Was die Norm sagt: Altengerecht und barrierefrei innerhalb des Hauses vor der Wohnung

Innerhalb des Hauses beginnen vor der Wohnungstür die Gemeinschaftseinrichtungen. Als Beispiel soll das Haus B (Seite 41) herangezogen werden, zu untersuchen sind:

- Flure,
- Treppen,
- Treppenaufzüge,
- Fahrstühle,
- Wohnungseingänge.

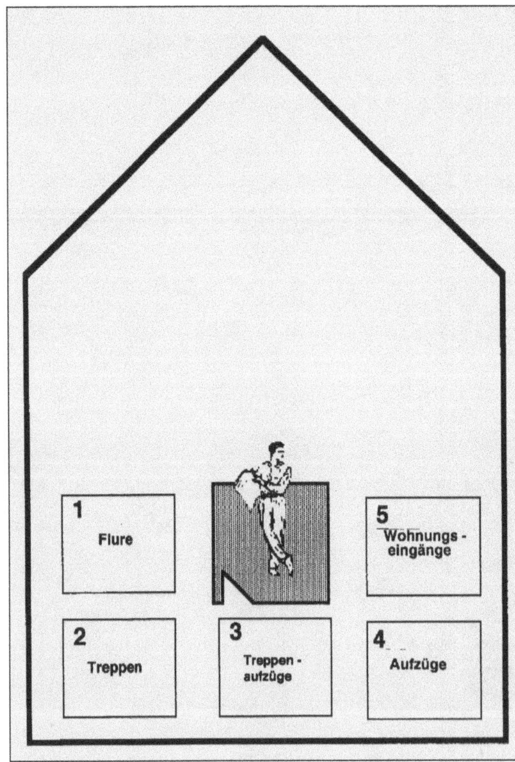

Grafische Darstellung: Altengerechtes, barrierefreies Umfeld innerhalb des Hauses vor der Wohnungstür. Richtlinien nach DIN

Im Erdgeschoss sind vier Wohnungen zu erreichen. Nach dem Passieren der Hauseingangstür kommt der Bewohner in einen langen Verteilerflur mit einer Durchschnittsbreite von 140 cm. Die Stichgänge zu den Wohnungseingängen sind eng und entsprechen mit 117 cm Breite nicht der DIN. Es ist schwer, sich dort mit Stöcken oder einem Rollstuhl zu bewegen, vor allem deshalb, weil die Zugänge zu den Wohnungen 1 und 4 nicht gerade in die Wohnung führen, sondern abgewinkelt.

Ebenfalls nicht gegeben sind die 50 cm Abstand der angrenzenden Wände von den Bedienungselementen der Türen, sprich den Türklinken und den Schließeinrichtungen.

Ein Aufzug in die oberen zwei Stockwerke ist nicht vorhanden und kann wegen fehlendem Platz auch unter hohem finanziellen Aufwand nicht nachgerüstet werden. Ein Fassadenaufzug wäre zwar denkbar, scheitert aber an der Anbindung an alle vier Wohnungen im 1. OG und die zwei DG-Wohnungen.
Die zweimal gewendelte Treppe hat kein Ruhepodest und ist mit 110 cm Innenlichte zwar so breit, dass ein Treppenaufzug nachgerüstet werden kann, aber es fehlt der Platz zum Einsteigen oder Einfahren und für die Parkposition des Sitzes oder der Plattform.

Die Wohnungseingänge sind mit einem Rohbaulichtmaß von 100 cm breit genug, um eine

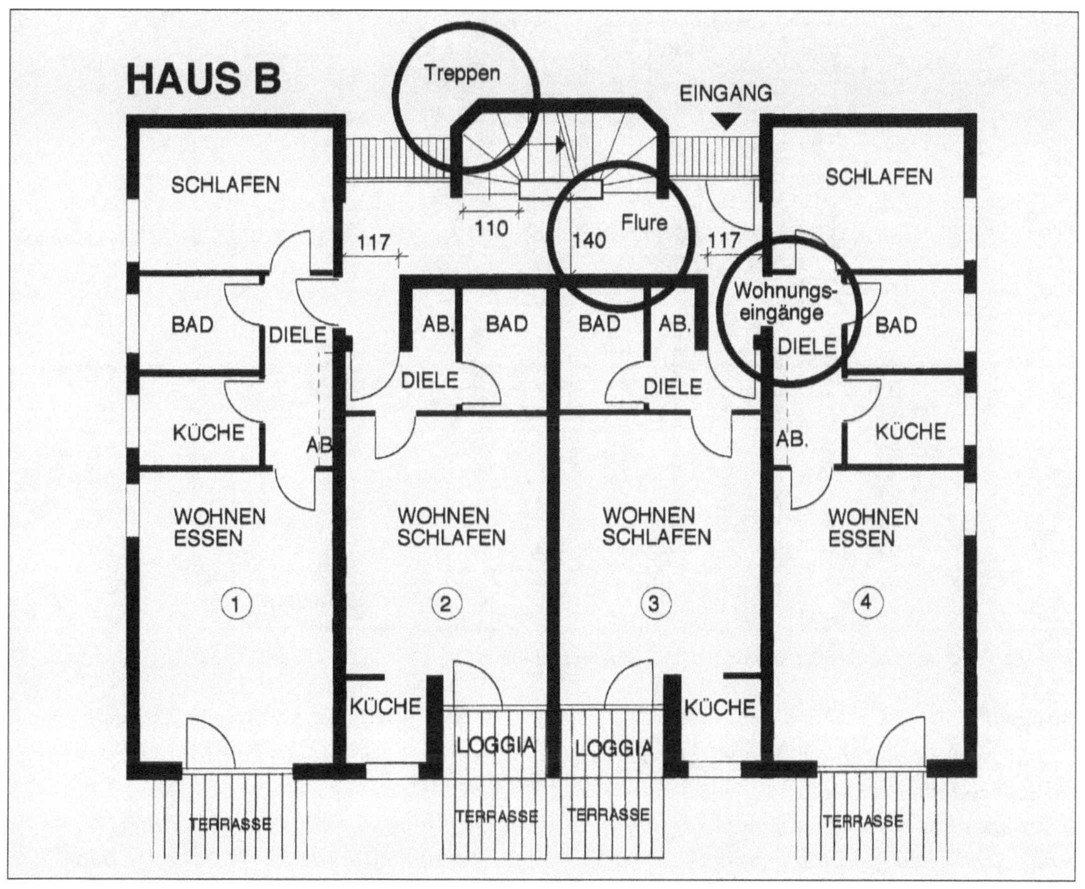

Grundriss EG Haus B

Nettobreite von 90 cm zu ermöglichen. Die lichten Durchgänge sind aus den Normabmessungen der Hersteller zu entnehmen.
Für die lichte Durchgangshöhe wird 210 cm vorgeschlagen. Auch hier gibt es im Handel entsprechende Produkte von 2130, 2125, 2108, 2093 mm Höhe.

Flure

Die wichtigsten Forderungen der DIN 18040-2:

- *150 cm Breite für die Bewegungsflächen außerhalb der Wohnung,*
- *120 cm Breite nur für Stichgänge mit direktem, geradlinigem Eingang in die Wohnung.*

Für die Maße an der Wohnungseingangstür sind 120 cm eigentlich zu schmal.
Hier unterscheiden sich die zu Beginn genannten Standards: Für den Rollstuhlfahrer sind 120 cm zu wenig, da nicht einmal einseitig der Tür die notwendigen 50 cm für den geforderten Abstand der Bedienungselemente geschaffen werden können.

Für den älteren, gehbehinderten Menschen reichen die 120 cm aus:

- *Bewegungsfläche hinter der Wohnungseingangstür 150 x 150 cm,*
- *Bodenbeläge rutschhemmend, rollstuhlgeeignet, fest verlegt und ohne elektrostatische Aufladung.*

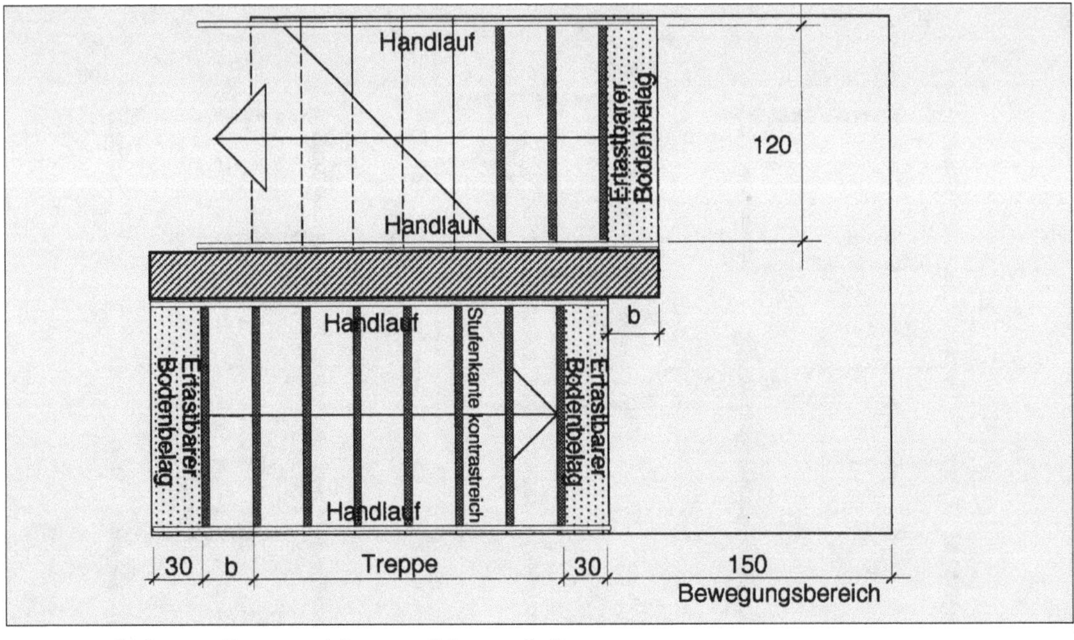

Bewegungsflächen vor Treppenaufgängen und Treppenabgängen

Treppen

- *Die Nettobreite einer Treppe darf 120 cm nicht unterschreiten.*
- *Treppenläufe sollen auch in Einfamilienhäusern nicht gewendelt sein.*
- *Die Bewegungsfläche vor Treppenauf- und Treppenabgängen muss 150 cm breit sein.*
- *Beidseits von Treppenläufen sind Handläufe von 3,0 bis 4,5 cm Durchmesser anzubringen. Auf Finger-Lauffreiheit ist zu achten.*
- *Die Höhe des Handlaufs beträgt 85 cm.*
- *Anfang und Ende des Handlaufs sind frühzeitig durch ertastbare, taktile Kennzeichnungen kenntlich zu machen.*
- *Die Handläufe sollen am Anfang und am*

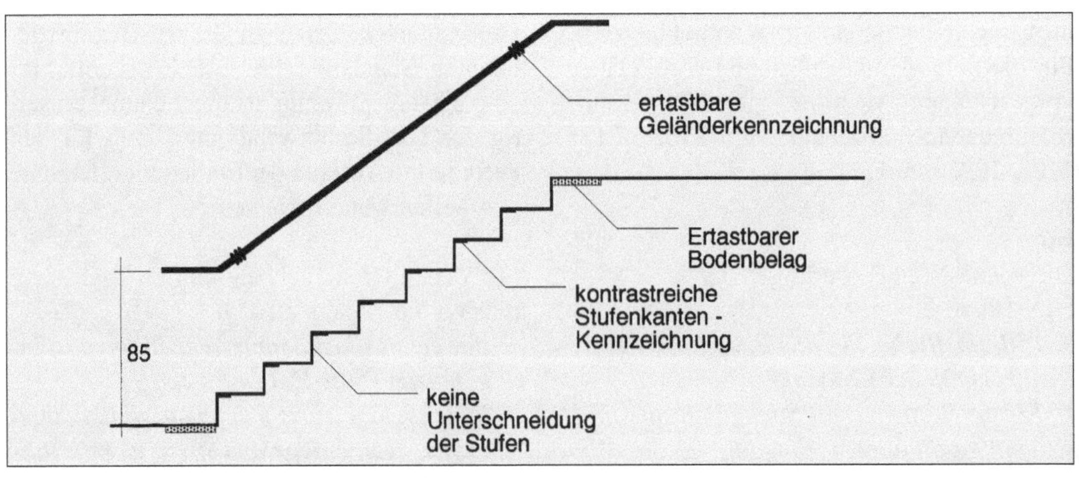

Treppenschnitt

Ende noch 30 cm waagerecht weitergeführt werden.
- *Vor der ersten und der letzten Stufe soll der Bodenbelag zur ertastbaren Orientierung anders gestaltet werden.*
- *Stufenkanten kontrastreich kennzeichnen.*
- *Stufen nicht unterschneiden.*
- *Stufen ohne Profilkante*
- *Treppenstufenbeleuchtung muss ohne Schlagschatten erfolgen.*
- *Die Treppenlicht-Zeitschaltung muss auch älteren und gehbehinderten Bewohnern das Passieren der Treppe ermöglichen. Der Zeittakt muss also lange genug eingestellt werden.*
- *Abwärtsführende Treppen müssen mindestens um eine Stufenbreite von der Bewegungsfläche zurückversetzt werden.*

Der ertastbare Belag vor den ersten Stufen könnte der Übergang von glattem PVC-Boden zu einem gleichfarbigen Noppenbelag sein, oder die leicht raue Keramikplatte erhält vor der Stufe eine Struktur. Die ertastbaren Markierungen auf den Handläufen, die signalisieren, dass die Treppe bald zu Ende geht, könnten Einkerbungen oder Aufdopplungen sein. Hier sind den gestalterischen Möglichkeiten wenig Grenzen gesetzt. Die Kantenprofile auf den Stufen führen zu Stürzen und es wäre sinnvoll, farbige und nur angeraute Lösungen zu finden, die zu den übrigen Treppenmaterialien passen.

Treppenaufzüge

Hierfür gibt es keine speziellen Vorschriften, aber die Innenbreiten der Treppen, in denen ein Aufzug eingebaut werden soll, müssen – laut Angaben der Hersteller – für den Sitz mindestens 80 cm breit sein und für die Rollstuhlplattform 100 cm.

Außerdem nimmt die Konstruktion des Treppenaufzugs Treppenbreite weg; für die Benutzer der Treppe, die den Aufzug nicht benötigen, muss noch eine sichere Breite bleiben. Am unteren Treppenanfang muss genügend Platz sein, um den Sitz oder die Plattform zu parken, um dort, ohne ständig etwas weg klappen zu müssen, ein- und aussteigen zu können. Am oberen Treppenende sollte der Sitz ebenfalls Platz haben, und der Benutzer muss auf einem Podest aussteigen können. Die Rollstuhlplattform ist eben mit der obersten Stufe.

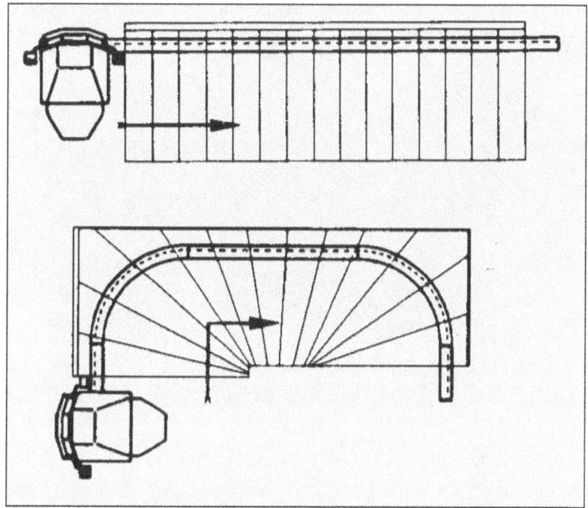

Situation Treppenlift in Einsteigposition.

All diese Details müssen bei der Vorausplanung für das spätere Nachrüsten oder bei Nachrüsten in dem Altbestand gut überlegt sein. Die Kosten für einen einfachen geradlinigen Sitzlift über ein Stockwerk mit 3 m Höhendifferenz und einer Schienenlauflänge von etwas 7 m inklusive der Montage lassen sich bei den Anbietern leicht erfragen.

Eine Alternative ist der schachtlose vertikale Hublift, ein Plattformlift der zwar zunächst für den Rollstuhlnutzer entwickelt wurde, der aber auch von anderen Personengruppen genutzt wird, die sonst noch nicht auf ein Hilfsmittel angewiesen sind, wie zum Beispiel Senioren mit Gehilfen oder Einkaufstrolleys,

Eltern mit Kinderwagen oder Personen, die ein schwere Gut transportieren wollen. Hier ist eine Förderhöhe von maximal 3 m möglich.

Hublift von Garaventa Lift

Homelift von Garaventa Lift

Weitere Produkte auf diesem Gebiet sind Homelifte, Aufzüge nach EN 81-41. Die Vorzüge von Homeliften sind die geringen Anforderungen an die technische Umsetzung wie kleine Unterfahrt 50 bis 200 mm und der niedrige Schachtkopf (bis 2,25 m). Um in einer Wohnung vom Erdgeschoss in das Obergeschoss zu gelangen, ist eine Aufstellfläche von 1.500 x 1.540 m erforderlich.

Aufzüge

In der gezeigten Wohnanlage ist ein Aufzug aus Platzgründen und aus Kostengründen nicht nachrüstbar, dies war schon zu Anfang geklärt.

Ob ein Außenaufzug an das Haus montiert werden kann, müsste geprüft werden. Vermutlich ist dies wegen des Kniestocks im DG und der Anbindung an die oberen Wohnungen nicht möglich. Aufzüge werden wohl weniger in privaten Wohnhäusern als in Wohnanlagen mit mehrgeschossigen Einheiten eingebaut. Der Privatmann kann mithilfe von Treppenaufzügen oder Kleinaufzügen über ein Geschoss auch nachträglich von unten nach oben gelangen.

Die Treppenaufzüge wurden bereits vorgestellt. Vorwiegend für den Rollstuhlfahrer sind bisher die Hublifte entwickelt worden.

Aber auch schachtlose Vertikal-Lifte sind zu bekommen. Die maximale Hubhöhe liegt bei 350 cm und sie können damit auch in eine Privatwohnung eingebaut werden, um vom Erdgeschoss in das Obergeschoss zu gelangen. Der kleinste Deckendurchbruch hat eine Abmessung von 90 cm Breite und 120 cm Länge.

Für öffentlich geförderte und auch andere Wohnanlagen gilt, dass der Einbau eines Aufzugs erhebliche Kosten verursacht. Dies ist auch der Grund, neue Wohnstrukturen, die altengerecht und barrierefrei geplant sind, immer häufiger mit nur einem Aufzug auszustatten und die Wohneinheiten über sogenannte Laubengänge anzubinden.

Sinnvoll wäre es, bei fehlender oder sparsamer Finanzierung eines neuen Gebäudes wenigstens den Aufzug einzuplanen, sodass er später nachgerüstet werden kann. Mieter oder Eigentümer könnten zusammen mit dem Bauherrn die Kosten für das spätere Nachrüsten tragen.

Inzwischen werden schon häufig in nicht barrierefrei geplanten Wohnanlagen Aufzüge eingebaut, und damit können wenigstens die einzelnen Ebenen von Gehbehinderten und Rollstuhlfahrern ohne Treppen erreicht werden. Der Grund dafür liegt wohl in der verkaufsattraktiveren Ausstattung solcher Wohnungen.

Die wichtigsten Forderungen für einen Aufzug in einem öffentlichen Gebäude aus der DIN 18040-2:

- *Größe eines Aufzugs: Breite 110 cm, Tiefe 140 cm,*
- *Spiegel an der Wand gegenüber der Fahrkorbtür zur Kontrolle des Ein- und Ausgangs durch den Rollstuhlfahrer,*
- *Bedienungstableau mit 85 cm Höhe für die Mitte des Tableaus,*
- *Bedienungstableau mit 50 cm Abstand von der Ecke,*
- *Anbringen von ertastbaren Bedienungsvorrichtungen außen und innen,*
- *die Ruftasten vor dem Aufzug müssen in 85 cm Höhe frei zugänglich angebracht werden,*
- *Schließsensorik in 25 cm und 75 cm Höhe,*
- *vor dem Aufzug ist eine Bewegungsfläche von 150 x 150 cm erforderlich,*
- *Treppen in der Nähe von Aufzügen müssen um eine Stufenbreite versetzt beginnen,*
- *im Aufzug einen klappbaren Sitz vorsehen,*
- *Haltestange in 85 cm Höhe an einer Längsseite der Kabinenwand links und rechts vom Bedienungsfeld,*
- *Bedienungsfeld schräggestellt.*

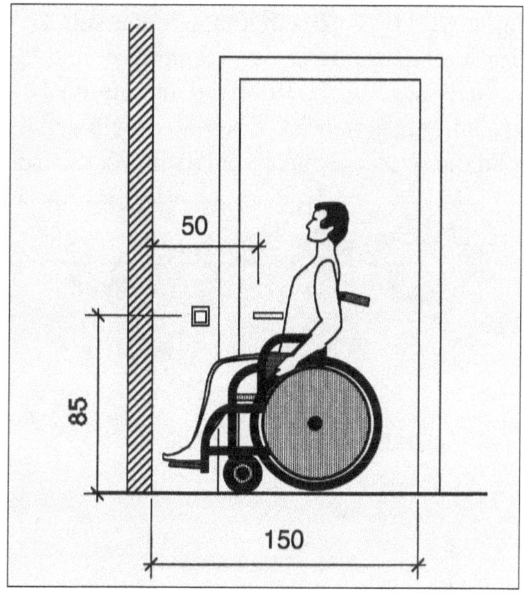

Forderung der 50 cm Platzbedarf

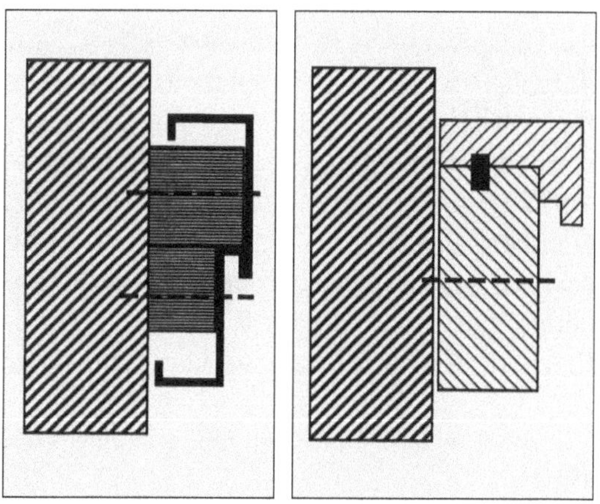
Links: Laibungszarge Stahl, zweiteilig
Rechts: Laibungszarge Holz, zweiteilig

Diese Forderungen werden in den wesentlichen Grundzügen inzwischen von den herstellenden Firmen beachtet und zahlreiche Produkte werden mit dieser Ausstattung angeboten. Trotzdem besteht erheblicher Entwicklungsbedarf kostengünstiger Lösungen.

Wohnungstüren

In unserem Beispiel des Hauses B sind die Bewegungsflächen vor den Wohnungstüren mit etwa 117 x 120 cm knapp bemessen. Die Türdurchgangsbreite ist vermutlich mit 90 cm gegeben, da das Rohbaulichtmaß mit 101 cm zu entnehmen ist. Ebenfalls nicht erfüllt sind die Abstandsmaße von 50 cm für die Bedienungseinrichtungen der Türen, wie dies das Beispiel auf Seite 45 oben zeigt.

Aufgabenstellung: Bei solchen sparsamen Platzverhältnissen sollten vor allem Türzargen verwendet werden, die platzraubende Vormauerungen nicht erfordern und die es erlauben, die Tür im Gang möglichst weit nach einer Seite zu schieben, um auf der anderen Seite nah an die für Rollstuhlfahrer nötigen 50 cm Wandabstand zu kommen.

Die wichtigsten Forderungen aus der DIN 18040-2

- *Wohnungseingangstüren grundsätzlich 90 cm lichte Durchgangsbreite,*
- *ausreichend helle Beleuchtung vor der Tür (Suche des Schlüssels, Aufsperren, Sicherfühlen auch nachts),*
- *keine losen, nur in den Boden eingearbeitete Matten und Schmutzvorleger,*
- *Bewegungsfreiheit vor und hinter der Tür, die Maße sind aus den folgenden Zeichnungen ersichtlich.*

A. Drehtür · B. Schiebetür

Die Schiebetür braucht den gleichen Platz im Bewegungsfeld. Ihre Herstellungskosten einschließlich Wandtasche und der spätere Wartungsaufwand sind jedoch vergleichsweise hoch, wenn damit zugleich auch möglichst viel Schutz gegen Geruchs- und Geräuschbelästigung bzw. gegen Wärmeverlust verbunden sein soll.

Aufgabenstellung: Entwickeln von funktionstüchtigen und kostengünstigen Schiebetüren mit gut gelösten Dichtungsdetails.

- *Die Türbetätigung muss für den Rollstuhlfahrer 50 cm von der nächsten Wand entfernt und 85 cm hoch angeordnet sein.*
- *Die Schalter für Licht, Klingel, Sprechanlage sind ebenfalls 85 cm hoch anzuordnen. Ihre Entfernung kann natürlich in diesem Fall nicht 50 cm betragen, aber die Praxis zeigt, dass die Schalter gut erreicht werden können, wenn sie direkt neben der*

Wohnungstüren

Wandöffnung	Baurichtmaß	Zargenfalzmaß	Lichter Durchgang
635 mm	625 mm	591 mm	561 mm
760	750	716	686
885	875	841	811
1010	**1000**	**966**	**936**
1135	1125	1091	1061
1260	1250	1216	1186
1324	1314	1280	1250

Wohnungstüren Tabelle

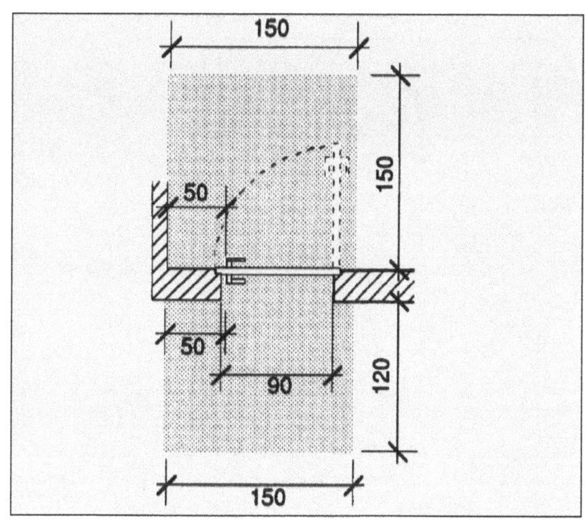

Bewegungsfläche vor handbetätigter Drehtür

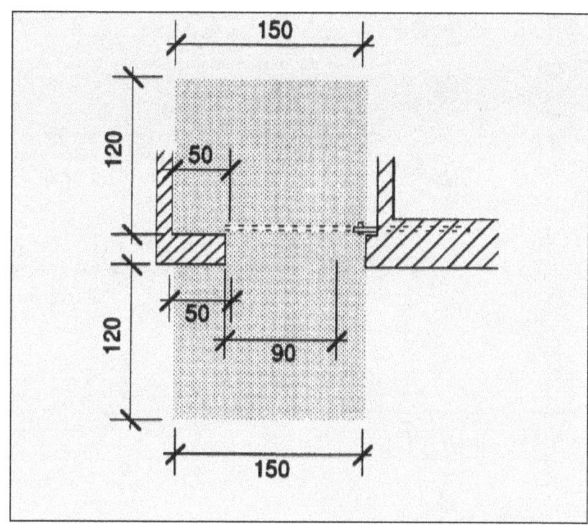

Bewegungsfläche vor handbetätigter Schiebetür

Türzarge angebracht sind. Besser wäre, wenn der Abstand von den Schaltern zur Wand 50 cm betrüge. Der ältere, gehbehinderte Mensch braucht diese Abstände nicht zwingend.

- *Ausstattung der Tür mit Weitwinkelspionen in den Höhen:*
  - *stehender Mensch 165 cm,*
  - *sitzender Mensch (Rollstuhl) 120 cm hoch,*

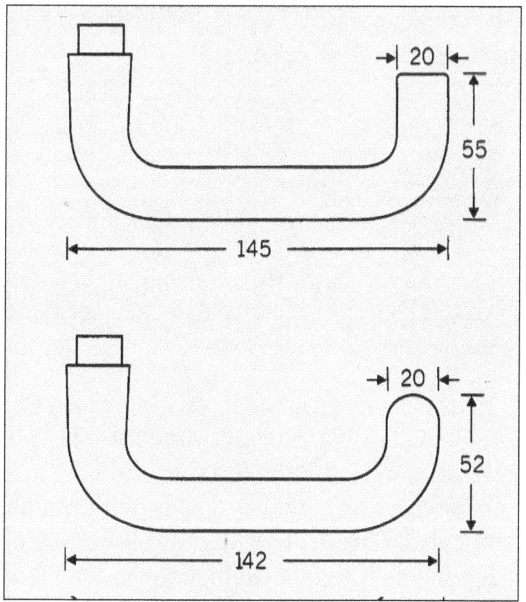

Abgewinkelte, einfädelsichere Türgriffe

- *Nachrüstbarkeit einer horizontalen Bedienungsstange sollte möglich sein (Zuziehen der Tür durch den Rollstuhlfahrer),*
- *Klinken am Ende nach innen abwinkeln (sicheres Greifen und kein Abrutschen bei Handbehinderungen),*
- *großflächige Glasfüllungen sind bruchsicher auszuführen,*
- *großflächige Glasfüllungen sind deutlich zu kennzeichnen, die Kante von offenstehenden Glastüren muß sichtbar gemacht werden.*

Sonderausstattungen

- Videoüberwachung des Wohneingangsbereichs,
- Sprechanlagen,
- elektrische Türverriegelung,
- Sonderentriegelung bei Notfall,
- kraftbetriebene Türen, elektrisch, pneumatisch,
- drahtlose Fernbedienungen (Blip) oder Schlüsselcodierungen,
- Eckenschutz und Schutzblenden bei Rollstuhlfahrern,
- Einbruchschutz,
- Türschließhilfe nicht mehr als 6 Nm.

Türgröße	Türbreite	Schließmoment in Nm 2°–4°		90°
1	< 750 mm	9	0,9 kg	3
2	< 850 mm	13	1,3 kg	4
3	**< 950 mm**	**18**	**1,8 kg**	**6**
4	<1100 mm	26	2,6 kg	9
5	<1250 mm	37	3,7 kg	12
6	<1400 mm	54	5,4 kg	18
7	<1600 mm	87	8,7 kg	29

(Quelle Dorma)

Euronorm 1154

Diese Forderung steht nicht in der DIN 18040-2. Der Sinn einer Türschließhilfe ist aber klar: Einerseits sollen Türen von selbst wirklich schließen, aus Brandschutzgründen oder weil man vor ungebetenen Fremden im Haus oder der Wohnung sicher sein will, andererseits sollen ältere Menschen und Behinderte eine solche Tür mit mechanischer Türschließhilfe auch leicht aufdrücken können. Hier treffen zwei unvereinbare Personenschutzziele zusammen. Mit den geforderten 6 Nm, die umgerechnet 0,6 kg Schließdruck bedeuten, fällt keine Tür von selbst ins Schloss, und wenn der Türschließer so eingestellt wird, dass er seinen Zweck erfüllt, dann liegt der Schließdruck für das folgende Beispiel bei etwa 2,7 kg und nicht 0,6 kg.

In den Normen, die den Herstellern als Basis dienen, gelten für die Türbreite, die für ältere Menschen geeignet ist, die oben in der Tabelle genannten Werte. Zu diesen 1,8 kg kommen noch die Werte für Reibung usw. mit etwa 50 % hinzu, sodass also insgesamt 2,7 kg Druck vom Benutzer aufgewendet werden müssten. Es empfiehlt sich die bedarfsgerechte Automatisierung von Hauseingangstüren und das Öffnen der Tür mit Tastcode-Eingaben, mit Schlüsseln oder über die Funkfernsteuerung. Älteren oder bewegungsbehinderten Menschen stellt sich das Problem, Schlüssellöcher zu finden und Schlüssel in die gängigen Schließzylinder zu stecken. Die gängigen erhältlichen Produkte haben im Bereich des Schlüsselkanals entweder einen ebenen oder sogar noch nach vorn gewölbten Zylinderkern.

Aufgabenstellung: Schaffen von Schlüsselrosetten oder Langschildern mit aufgesetzten oder angegossenen Einführtrichtern, wie es das folgende Beispiel zeigt.

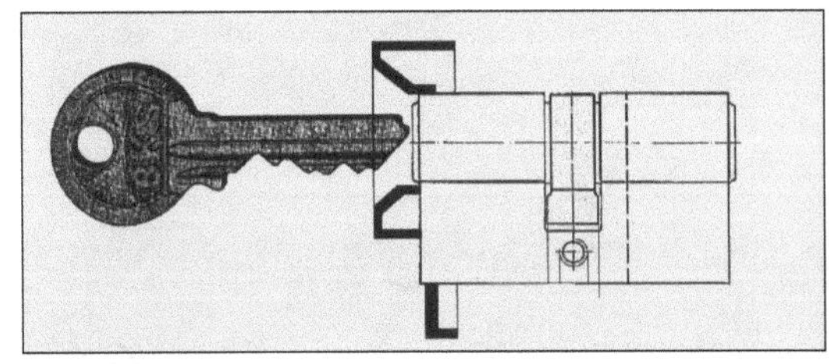

Schließzylinder mit Einführrosette

Die Hersteller von Schließzylindern sind aufgefordert, die Zylinderkerne im Bereich des Schlüsselkanals muldenartig auszubilden und damit den Einsteckvorgang zu unterstützen. Der auf dem Markt befindliche Wendeschlüssel ist eine Neuerung, die das Schließen erleichtert, da der Schlüssel symmetrisch ist.

Was die Norm sagt: Altengerecht und barrierefrei innerhalb des Hauses in der Wohnung

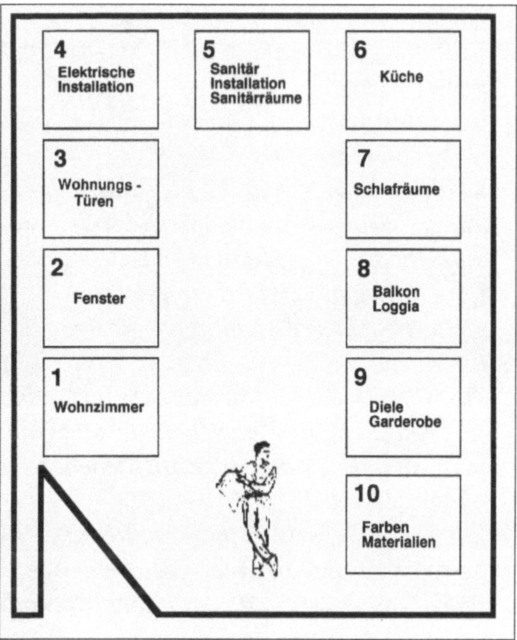

Altengerechtes und barrierefreies Wohnen in der Wohnung. Richtlinien nach DIN

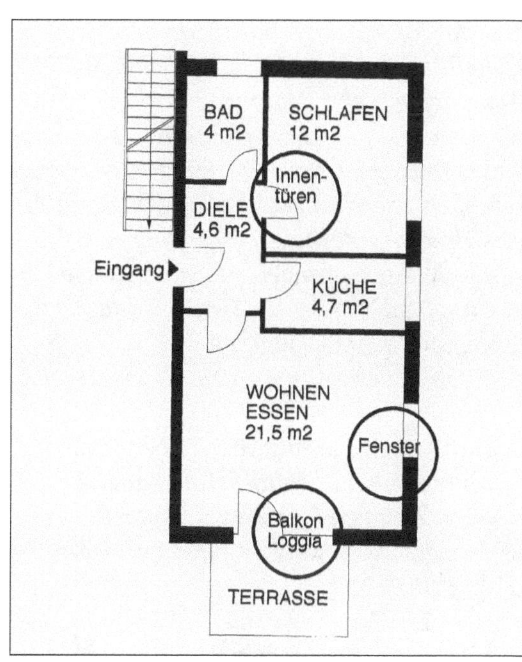

Wohnung aus Haus A der Wohnanlage

Innerhalb der Wohnung kann man nicht mehr von Gemeinschaftseinrichtungen sprechen. Hier beginnt das Wohnen der älteren Menschen. Als Beispiel soll die Wohnung 1 des Hauses A herangezogen werden, um die einzelnen Bereiche und Teile zu analysieren.

Die Bereiche:
- Wohnzimmer,
- Küche,
- Fenster,
- Schlafräume,
- Wohnungstüren,
- Balkon und Loggia,
- elektrische Installation,
- Diele und Garderobe,
- Sanitärräume,
- Farben und Materialien.

Die abgebildete Wohnung setzt sich zusammen aus einer Diele, einem Bad, einem Schlafraum, einer sehr schmalen Küche und einem Wohn-/Esszimmer. Dieser herkömmliche Grundriss ist nicht altengerecht und schon gar nicht behindertengerecht.

Die einzelnen Bereiche sind durch schmale Wohnungstüren voneinander getrennt. Einen Abstellraum gibt es nicht. Mit 46 m² Wohnfläche ohne Anrechnung der Terrasse entspricht dies eher einer Wohnung für eine Person, geplant ist sie aber für zwei Personen.

Vor allem die geforderten größeren Bewegungsflächen vor Türen, Betten und Schränken, in Toilette und Bad bedingen größere Wohnflächen und somit bei gleichbleibender Wohndichte mehr Bauland, also Mehrkosten für Gebäude und Baugrundstück. Will man dies vermeiden, müssen geeignete Grundrisse gefunden oder neu entwickelt werden, in denen diese erforderlichen Mehrflächen

- *durch Einsparungen, beispielsweise an Gangflächen oder an Türen, wodurch Bewegungsflächen entfallen,*
- *durch Überlagerung von Bewegungsflächen,*
- *durch Überlagerung von Teilbereichen der Wohnung, wie Schlaf-, Wohn- und Essbereich, ausgeglichen werden können.*

(Wohnen ohne Barrieren, Bayerisches Staatsministerium des Inneren, 1995)

Für Wohnungsgrößen gibt es folgende Richtdaten:

- 1 Person 40 m² (eher zu klein)
- 2 Personen 60 m²
- 3 Personen 80 m²

Wohnzimmer

Es bildet den Mittelpunkt des Gemeinschaftslebens. Dort empfängt man Besuch, geht seinen Hobbys nach oder arbeitet. Wenn ein Esszimmer nicht vorhanden ist, wird dort auch der Essplatz zu finden sein. Ein Balkon oder eine Terrasse gibt die Möglichkeit, auch bei stark eingeschränkter Bewegung draußen zu sitzen.

Die wichtigsten Forderungen aus der DIN 18040-2:

- *Verzicht auf Schwellen in der Wohnung,*
- *Innentürbreiten oder Durchgänge für ältere Menschen mit einer Lichte von 80 cm (Rohbaulichtmaß von 885 mm),*
- *Innentüren oder Durchgänge für Rollstuhlfahrer mit einer Lichte von 90 cm,*
- *Griffe und Bedienungselemente in einer Höhe von 85 cm,*
- *Bedienungselemente mit 50 cm Abstand von der Wand,*
- *Bewegungsfläche vor Möbeln für den Rollstuhlfahrer von 150 x 150 cm,*
- *werden Schränke und Regale seitlich angefahren, weil sie nicht unterfahrbar sind, muss die Bewegungsfläche entlang solcher Einrichtungen 120 cm betragen,*
- *für den Nicht-Rollstuhlfahrer genügen dafür 90 cm,*
- *Tische sollten unterfahrbar sein und keine schräggestellten Beine haben, über die man stolpern kann oder an denen man hängen bleibt,*
- *für Kleinwüchsige, Blinde und Sehbehinderte ist bei Bedarf eine zusätzliche Wohnfläche von etwa 15 m² vorzusehen, dies gilt auch für den Rollstuhlfahrer. Für die Aufrechterhaltung und das Training besonderer erlernter Fähigkeiten geistiger oder körperlicher Art soll dieser Platz zur Verfügung stehen.*
- *Innenwände sind zur bedarfsgerechten Befestigung von Einrichtungs-, Halte-, Stütz- und Hebevorrichtungen tragfähig auszubilden,*
- *Bodenbeläge sollen rutschhemmend, rollstuhlgeeignet, antistatisch und fest verklebt sein,*
- *bedarfsgerechte Möblierung für individuelle Betätigung,*
- *bedarfsgerechte Möblierung für das Zusammensitzen mit Freunden, Verwandten,*

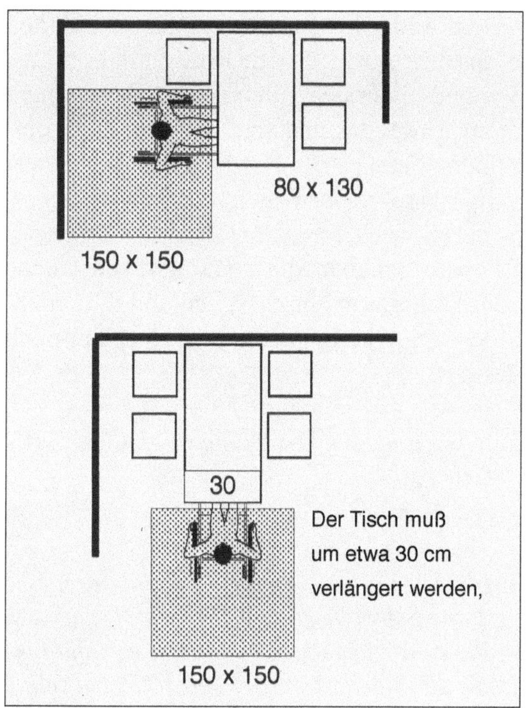

Eßplatz für vier Personen.
(Wohnen ohne Barrieren, BMI 1995)

- *besondere Gestaltung von Fensterplätzen:*
- *Absenkung der Fensterbrüstung auf 60 cm Höhe,*
- *Einbeziehen der Fensterbank durch Verbreiterung und Unterfahrbarkeit,*
- *mobiles Versorgeelement für Telefon und Privates,*
- *besondere Gestaltung des Essplatzes.*

Fenster

Die Fenster in der Wohnung haben eine nach der Bayerischen Bauordnung übliche Brüstungshöhe von 90 cm. Die Heizkörper sind etwas vertieft vorgesetzt und erlauben kein nahes Heranfahren oder Sitzen am Fenster. In sitzender Position ist es für den Bewohner kaum möglich, durch das Fenster am Außenleben teilzunehmen. Wie die folgende Zeichnung zeigt, lässt sich dies aber ändern, ohne gegen die Bauordnungen zu verstoßen. Die Brüstung wird abgesenkt auf 60 cm, das Fensterbrett wird vorgezogen und die Bestimmung der Bauordnung durch ein außen angebrachtes Querrohr in 90 cm Höhe erfüllt. Beschläge des Fensters sind üblicherweise in der Mitte der Flügel angebracht, sodass eine Durchschnittshöhe zwischen 140 cm und 150 cm erreicht wird.

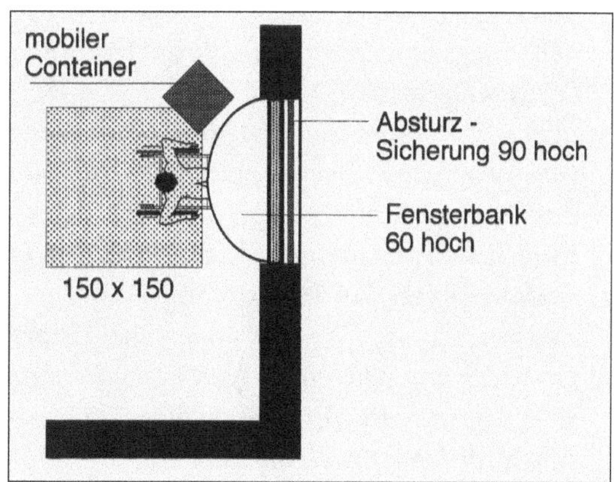

Fensterplatz mit abgesenkter Brüstung, Glas ab 60 cm Höhe

Das ist für die Bedienung des Fensters aus sitzender Position zu hoch. Es müssen also auch die Beschläge generell abgesenkt werden und in ihrer Bedienbarkeit leichtgängig sein. Hierzu bietet die Industrie inzwischen einige Produkte an.

Abgesenkte Fensterbeschläge (Hersteller WERU)

Die wichtigsten Forderungen und die DIN 18040-2:

- *Von mindestens einem Aufenthaltsraum der Wohnung muss die Fensterbrüstung ab 60 cm vom Fußboden durchsichtig sein.*
- *In Erdgeschosswohnungen müssen die Fenster einbruchshemmend ausgelegt sein.*
- *Fenster müssen hindernisfrei zugänglich und anfahrbar sein.*
- *Schwing- und Wendeflügel dürfen nicht verwendet werden.*
- *Beschläge sollen aus der Mitte nach unten verlegt werden. Der Kraftaufwand für die Bedienung ist zu verringern.*
- *Eine Sicherungsmöglichkeit der Flügel in fensteroffener Position ist nötig.*
- *Rollobetätigung, 85 cm hoch, muss starr montiert und mit einer Kurbel bedienbar sein. Gurtbandbetätigung ist für viele Menschen im Alter problematisch.*
- *Wenn Heizkörper unter dem Fenster montiert werden, dann müssen sie berührungssicher sein. (Wegen Verbrennungen sollte ein Strahlungsschutzschirm angebracht werden.)*
- *Freier Zugang zu den auch aus einer Sitzposition bedienbaren Vorhängen, Sonnenschutzrollos und Markisen.*

Wohnungstüren

Die Innentüren der gezeigten Wohnung sind üblicherweise nur mit einer Durchgangsbreite von etwa 68,6 cm vorgesehen. Dies reicht natürlich weder für den älteren, gehbehinderten Menschen noch für den Rollstuhlfahrer aus. Vor und hinter den Türen ist viel Bewegungsraum notwendig, und die Abschottung der einzelnen Räume voneinander engt den Bewegungsablauf in der Wohnung erheblich ein.

Es wäre denkbar, die Diele und die Küche zum Wohnraum hin zu öffnen und dort anzubinden. Solche Beispiele werden später noch gezeigt.

Die wichtigsten Forderungen aus der DIN 18040-2:

- *für ältere Menschen Durchgangsbreite 80 cm Lichte,*
- *für den Rollstuhlfahrer 90 cm Lichte,*
- *keine Schwellen,*
- *die Bewegungsflächen müssen vor und hinter der Tür barrierefrei 120 x 120 cm sein,*
- *für den Rollstuhlfahrer muss die Bewegungsfläche vor der Tür 120 x 120 cm sein und hinter der Tür 150 x 150 cm,*
- *Türgriffe mit 50 cm Abstand von der seitlichen Wand,*
- *Türen dürfen nicht in den Sanitärraum schlagen,*
- *Türen dürfen in geöffnetem Zustand nicht in Bewegungsflächen hineinragen, in kritischen Fällen ist auch für eine selbstständige Schließhilfe zu sorgen,*
- *großflächige Glasfüllungen sind bruchsicher auszuführen,*

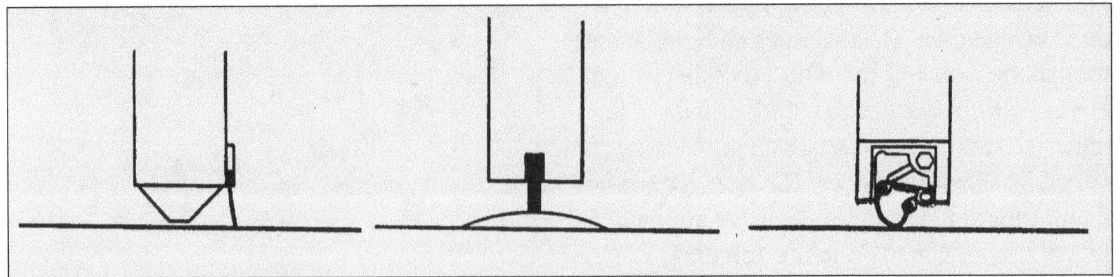

Schleiflasche außen (Geboden Toegang, Holland) — *Flexible Lasche in Bodenprofil* — *Gummiprofil mit flexiblem Andruck*

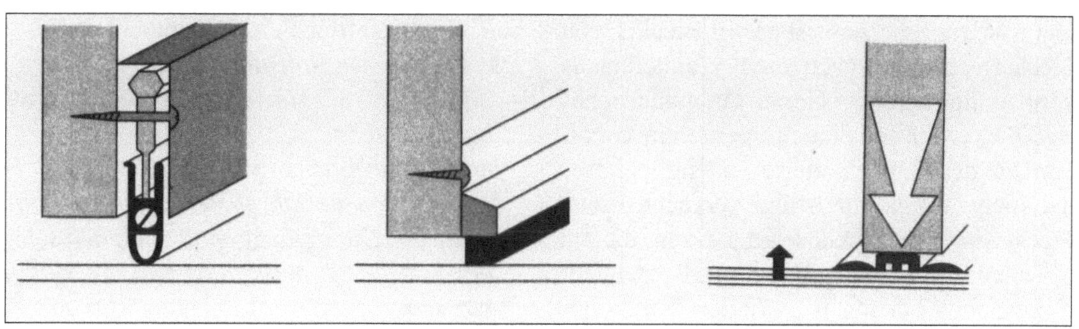

Gummiprofil *Bürstenprofil* *Magnetverschluss*
(Wohnqualität im Alter, Verbraucherzentrale)

- *großflächige Glasfüllungen sind zu kennzeichnen,*
- *die Kante von offenstehenden Glastüren ist sichtbar zu machen,*
- *Türklinken zum Türblatt abwinkeln,*
- *der Sanitärraum muss von außen her entriegelbar sein,*
- *Türfeststeller vorsehen, der mit dem Fuß zu betätigen ist.*

Bei Schiebetüren:
- *Türgriff als Bogen oder Schlaufe,*
- *Handklemmsicherung vorsehen,*
- *nicht in Fluchtwege einbauen,*
- *Schiebetüren haben nach wie vor ein Dichtungsproblem, das kann sich vor allem bei WC-Räumen nachteilig auswirken (Geruchs- und Geräuschdichtung).*

Wenn die Forderung nach Schwellenfreiheit besteht, so muss auch bei den Drehtüren nach neuen Bodendichtungen gesucht werden. Einige grundlegende Beispiele für mögliche Ansatzpunkte, um hier zu brauchbaren Details zu kommen, werden hier und auf Seite 52 gezeigt.

Elektrische Installationen

Die elektrische Installation der Beispielwohnung ist aus der Zeichnung nicht ersichtlich, aber sie wurde herkömmlich installiert:

- Schalterhöhen 105 cm,
- Steckdosen in einer Höhe von 30 cm über dem Boden,
- Abstände der Steckdosen oder der Schalter von der Ecke nur nach Bedarf und persönlichen Vorstellungen.

Aufgrund der besonderen Belange von älteren Menschen, von Behinderten und von Rollstuhlfahrern ist es notwendig, sich über die Installationen ebenfalls Gedanken zu machen. Einige Forderungen stehen bereits im Raum:

- *Schalterhöhen grundsätzlich 85 cm hoch,*
- *Schalter und Steckdosen generell mit 50 cm Abstand von der Wandecke entfernt,*
- *Bedienelemente leicht zu bedienen, großflächig und gut sichtbar,*
- *Anordnung der Wechselschaltungen so, dass lange Wege vermieden werden,*
- *Verwendung von Leuchtschaltern mit Dauerglimmlampe, die auch bei Dunkelheit ihren Standort anzeigen,*
- *Tiefersetzen der Unterverteilung,*
- *bei der Beleuchtung mit künstlichem Licht höhere Beleuchtungsstärken einplanen, damit im Bedarfsfall auch gedimmt und heller ausgeleuchtet werden kann.*

Ob man Steckdosen ebenfalls in einer Höhe von 85 cm montieren soll, muss genau überlegt werden. Einerseits ist das Einstecken von Steckern auch im Sitzen leichter, andererseits können die Kabel der Geräte ein gefährliches Kabelwirrwarr und eine Stolpergefahr vor allem für den Sehbehinderten darstellen. Wer hat nicht schon mit Mühe versucht, einen Stecker in eine Steckdose zu stecken, die ein bisschen versteckt angebracht war? Auch hier gilt es, neue Lösungen zu finden. Steckerlösungen, die ein leichteres Herausziehen aus der Wanddose ermöglichen, sind bereits auf dem Markt.

Sanitärräume

Das Bad der gezeigten Wohnung ist für zwei Personen 4 m² groß. Eine Badewanne, ein WC und ein Waschbecken sind vorgesehen. Das Durchgangsmaß der Tür liegt bei 68,8 cm und die Tür schlägt in das Bad, was zur Folge hat, dass ein hilfebedürftiger, im Bad liegender Mensch das Öffnen der Tür von außen blockiert. Das Durchgangsmaß reicht nicht für den älteren, gehbehinderten Menschen und auch nicht für den Rollstuhlfahrer aus. Eine Waschmaschine ist nicht unterzubringen, geschweige denn eine zusätzliche Trockenmaschine, wenn die Behinderung so schwer wird, dass ein Waschen im Keller der Wohnanlage und ein Transport der Wäsche nicht mehr möglich sind.

Die wichtigsten Forderungen aus der DIN 18040-2:
Beim Sanitärraum, WC und Badezimmer, können die beiden Teile der Norm nicht mehr zusammengeführt werden. Hier muß unterschieden werden zwischen Teil 1 und Teil 2.

Der Sanitärraum ist neben der Küche der kritischste und empfindlichste Wohnbereich überhaupt. Die Selbstständigkeit in diesem Intimbereich ist von der besonders sorgfältigen Planung abhängig.

Teil 1 Barrierefreie Sanitärräume
Das Bad für den Rollstuhlbenutzer:
- *Ausstattung mit einem im Rollstuhl befahrbaren Duschplatz,*
- *das nachträgliche Aufstellen einer mit einem Lifter unterfahrbaren Badewanne anstelle des Duschplatzes muss möglich sein,*
- *der Waschtisch muss flach und unterfahrbar sein,*
- *Montage des Waschbeckens in unterschiedlichen Höhen muss möglich sein, gemäß den Bedürfnissen des Nutzers,*
- *Sitzhöhe des WC-Beckens mit Sitz 48 cm,*
- *Vorderkante des WCs bis zur Rückwand, an der es montiert ist, 70 cm,*
- *der Sanitärraum muss mit mechanischer Belüftung ausgestattet sein (Ventilator),*
- *Bewegungsfläche im Bad: 150 x 150 cm als Duschplatz, vor dem WC, vor dem Waschtisch,*
- *Platzbedarf neben dem WC: eine Seite 30 cm, andere Seite 95 cm,*
- *Platzbedarf neben dem Waschtisch: 20 cm,*
- *Platz vor der Längsseite einer Badewanne: 150 cm. Alle geforderten Bewegungsflächen können sich überlagern,*
- *Türen müssen eine lichte Breite von 90 cm haben,*

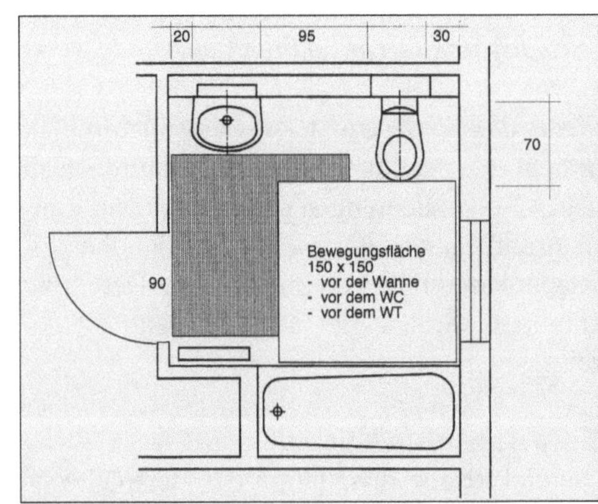

Rollstuhlfahrer-Wannenbad, 7 m² (T. Stöckel, Pfeiffer & May, Karlsruhe „Gienger-Sanitärhandbuch")

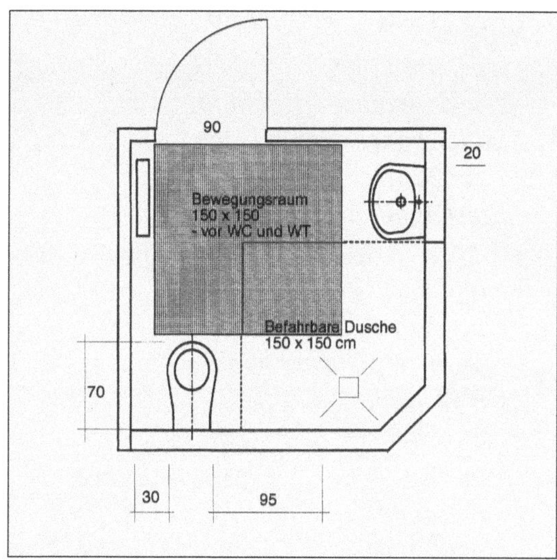

Rollstuhlfahrer-Duschbad, 5,5 m² (Gienger-Sanitärhandbuch)

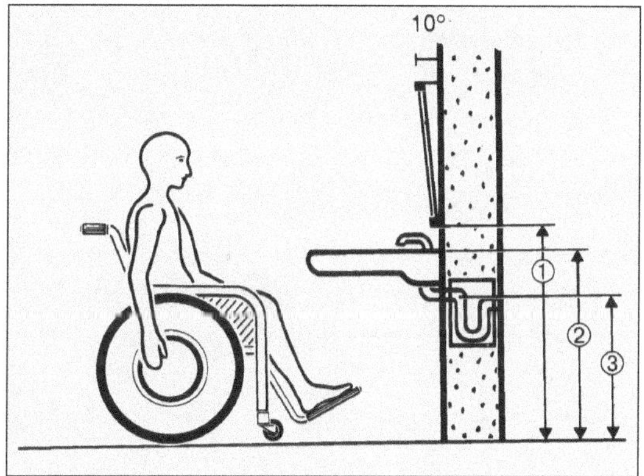

1 = Unterkante Spiegel
2 = Oberkante Waschtisch, Richtwert nicht über 82.5 cm
3 = Unterfahrbarkeit Waschtisch, Richtwert nicht unter 68,5 cm (Gienger-Sanitärhandbuch)

- *sie dürfen nicht in den Sanitärraum schlagen,*
- *die Tür muss verschließbar, aber auch von außen entriegelbar sein,*
- *die Wände, Decken und die Fußböden der Bäder sind tragfähig auszubilden, damit Hilfsgeräte fest montiert werden können,*
- *rutschfeste Fliesen sollen nicht scharfkantig sein, nicht roh und nicht unlasiert,*
- *Handbrause am Waschbecken,*

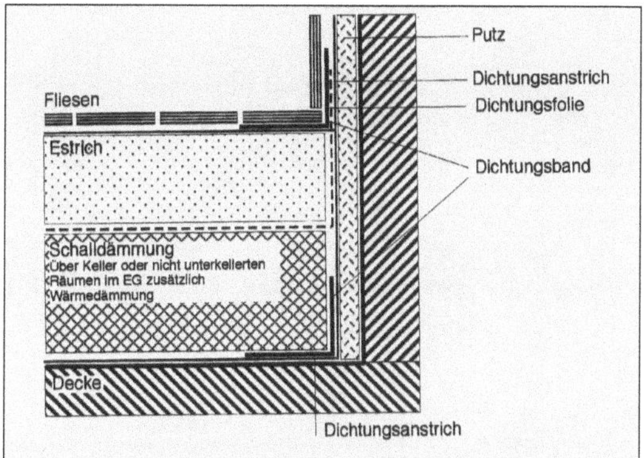

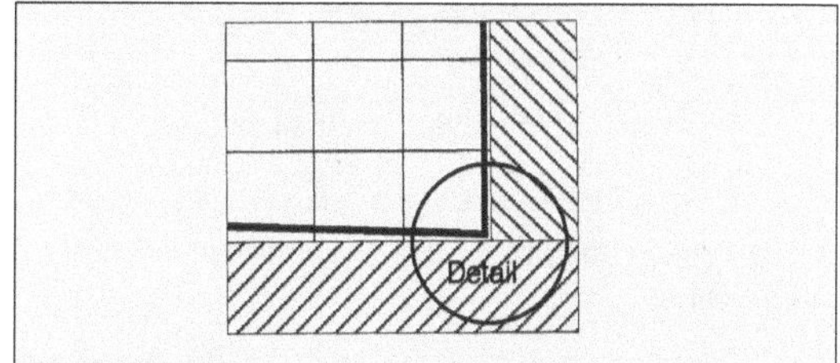

Detail des Bodenaufbaus einer bodengleichen Dusche

- *Handbrause am WC,*
- *Erreichbarkeit der WC-Spülung sorgfältig planen,*
- *Wohnungen mit mehr als drei Personen sollten einen zusätzlichen Sanitärraum erhalten,*
- *Duschplatz und WC sollten nebeneinander angeordnet sein.*

Teil 2 Barrierefreie Sanitärräume

Das Bad für den älteren Menschen, den Behinderten:

- *Türen dürfen nicht in den Sanitärraum schlagen,*
- *Bewegungsfläche muss mindestens 120 x 120 cm sein,*
  - *an der Breitseite einer Wanne,*
  - *vor allen Einrichtungen,*
- *der Sanitärraum ist mit einem begehbaren Duschplatz von 120 x 120 cm auszustatten,*
- *Beinfreiheit unter dem Waschtisch,*
- *das nachträgliche Aufstellen einer mit einem Lifter unterfahrbaren Badewanne im Be-*

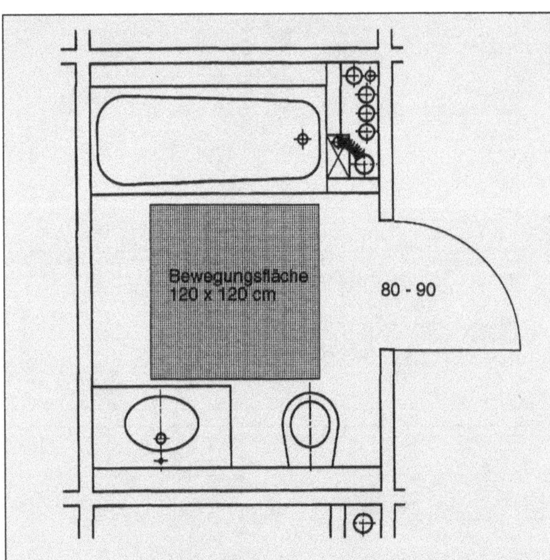

Barrierefreies Bad mit Wanne, 5,5 m² (Gienger-Sanitärhandbuch)

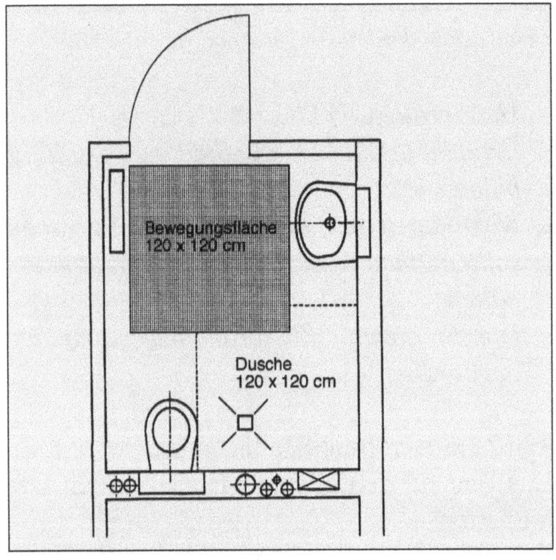

Barrierefreies Bad mit Dusche, 4 m² (Gienger-Sanitärhandbuch)

reich des Duschplatzes sollte möglich sein,
- *Sitzhöhe der WCs mit Sitz 48 cm.*

Mögliche Ausstattungen für DIN 18040-2 in Bädern Zusatzforderungen:
- *aus dem Sitzen erreichbare Wandschränke,*
- *Heizkörper gegen Berührungen sichern (Verbrennen),*
- *Wanne:*
  - *fahrbare Lifter,*
  - *Deckenschienen-Hubanlagen,*
  - *Badewannen-Hubanlagen,*
  - *Wannensitze,*
  - *Einsteighilfen,*
- *WC:*
  - *anatomisch gestaltete Sitze,*
  - *Sitzerhöhung,*
  - *Liftsitz (mit Aufstehhilfe),*
  - *Unterduschreinigung,*
  - *Ohnhänder-Reinigungshilfen,*
  - *Umsetzhilfen,*
- *Waschtische:*
  - *Handbrause,*
  - *Sitzmöglichkeit vor dem Becken,*
  - *Kippwaschtische,*
- *Dusche:*
  - *Bodenablauf mindestens 30 cm aus der Ecke,*
  - *Klappsitz,*
- *Armaturen:*
  - *nur Hebelbetätigung,*
  - *Temperaturbegrenzer,*
  - *in allen sanitären Räumen muss ein stationärer Notrufanschluß möglich sein.*

(Umfangreiche Erläuterungen zum Thema sind zu finden in „Barrierefreie Wohnungen“, Bayerische Architektenkammer, 1992, „Wohnen ohne Barrieren“, Prof. Philippen, 1992)

Küche

Die Küchen wurden bisher, bis auf wenige kleine Bereiche, für die stehende Körperhaltung geplant. Ältere Menschen kommen aber in die Situation, überwiegend nur noch im Sitzen kochen zu können.

Der Behinderte im Rollstuhl kann ausschließlich in sitzender Körperhaltung kochen.

Damit müssen die Bewegungsflächen, das Zusammenspiel der Funktionen, der ergonomische Aufbau und die Lage einer Küche in der Wohnung grundsätzlich neu überlegt werden, vor allem dann, wenn man die Forderung stellt, grundsätzlich Küchen zu planen, die Barrierefreiheit erfüllen oder die sinnvoll mit den fortschreitenden Jahren und Behinderungen geändert und angepasst werden können.

Die Küche für den Menschen mit Behinderungen oder für den alten Menschen muss nicht aus beweglichen Oberschränken, aus motorbetriebenen Arbeitsplatten und total mechanisierten Geräteelementen bestehen.

Man sollte sorgfältig überlegen, ob eine Höhenverstellung überhaupt Vorteile hat oder ob es ausreicht, die Platte einmal auf die richtige Höhe einzustellen und nicht mehr zu verändern. Die Küche ist das Herz von Heim und Wohnen. Über 40 % der Zeit werden in der Küche verbracht. In der modernen Küche von heute ist noch ein ständiges Bücken und Strecken üblich.

Besonders zu berücksichtigen ist, dass alte Menschen oft nur zu zweit oder sogar ganz allein leben. Die Größe einer Küche muss also auf den Bedarf abgestimmt werden und es wäre sinnvoll, zu ermitteln, wie viel Geschirr und Gerät eine oder zwei Personen benötigen. In unserem Wohnungsbeispiel ist die Küche nur von der Diele her erreichbar und die Zugangstür hat nur eine Durchgangsbreite von 68,6 cm, ist also ungeeignet für Barrierefreiheit und für Rollstuhlfahrer. Vor der linearen Arbeitsplatte ist nur 100 cm Platz. Hier wäre eine bauliche Änderung und Anpassung kostengünstig möglich, sofern sich nicht alle Versorgungsleitungen ins Obergeschoss in der zum Wohnzimmer hin gebauten Wand befinden. Die Küche könnte auch an den Wohnraum angegliedert werden, wie es die folgende Zeichnung zeigt:

Die wichtigsten Forderungen aus der DIN 18040-2:

- *Für den Rollstuhlnutzer müssen Herd, Arbeitsplatte und Spüle müssen uneingeschränkt unterfahrbar sein und für die Belange des Nutzers in entsprechender Arbeitshöhe montiert werden können. Das bedeutet bei einer sitzenden Körperhaltung eine Arbeitsplattenhöhe von etwa 73 bis 81 cm für die gängigen, unterschiedlichen Sitzhöhen der Rollstühle.*
- *Für die normale Barrierefreiheit ist zwar die Unterfahrbarkeit der Küchenarbeitsplatte nicht gefordert, aber wenigstens Teile der Küche sollten ausreichend Beinfrei-*

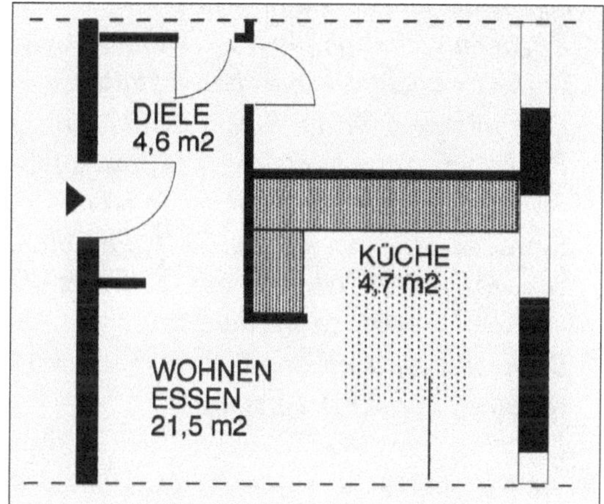

Bewegungsfläche 150 x 150 cm vor einer Küchenzeile

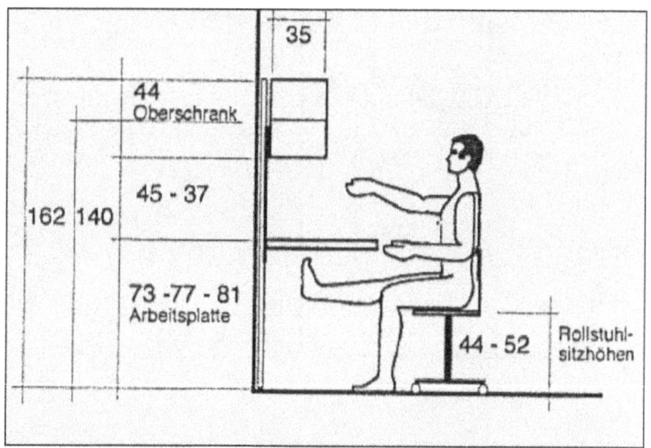

Küchen-Arbeitsmaße sitzend. Oberster Boden des Oberschranks bis an die Rückwand erreichbar (Systemstudie)

heit bieten, und auch bei der Arbeitsplatte sollte neben der Stehhöhe eine ausreichende Sitzhöhe angeboten werden.
Das bedeutet eine Arbeitsplattenhöhe für die sitzende Körperhaltung von etwa 73 bis 77 cm Höhe, bei geeignetem und verstellbarem Küchenarbeitsstuhl auf Rollen von 44 bis 48 cm Höhe, und bei stehender Körperhaltung 86 bis 91 cm Arbeitsplattenhöhe.

- *Im Sitzen können Regal- und Schrankflächen nur bis zu einer Höhe von etwa 140 cm erreicht werden, wenn sie über Arbeitsplatten montiert sind.*
- *Kochen, Arbeiten und Spülen sollten nebeneinander angeordnet sein. Die Überecklösung ist eine Empfehlung.*
- *Kücheninstallation für Wasser und Abwasser sollte leicht veränderbar gestaltet sein.*
- *Dies gilt auch für die Elektroinstallation.*
- *Funktionsabstimmung auf die vorhandenen Bewegungseinschränkungen ist nötig.*
- *Bewegungsflächen für den Rollstuhlfahrer von 150 x 150 cm vor der Küchenzeile müssen eingehalten werden.*
- *Bewegungsfläche 120 x 120 cm für Barrierefreiheit vor der Arbeitsplatte.*

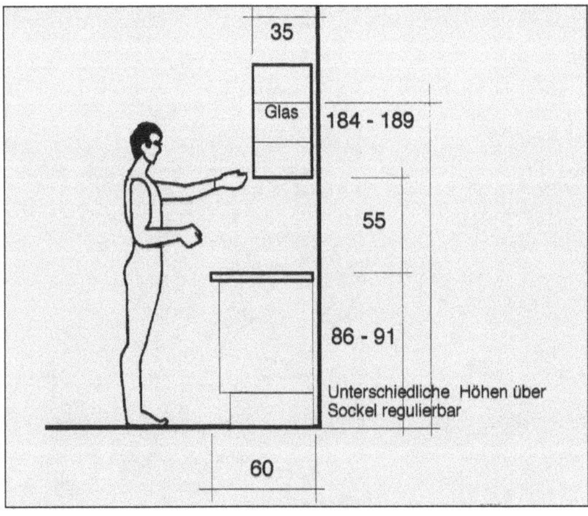

Küchen-Arbeitsmaße stehend. Oberster Boden des Oberschranks bis an die Rückwand erreichbar (herkömmliches System)

- *Fenster sollten zugänglich und erreichbar sein.*
- *Deutliche, kontrastreiche Farbgestaltung ist wünschenswert.*
- *Hervorhebung von Schaltern und Bedienungselementen.*
- *Keine senkrechten Schalter in die Geräte und die Arbeitsplattenblende einbauen.*
- *Markieren der Sicherheitszonen.*
- *Rutschhemmende, jedoch leicht zu reinigende Bodenbeläge.*
- *Eingleitschräge bei der Spüle.*
- *Durchgängige Arbeitsfläche zum Verschieben: Spüle – Arbeitsplatte – Kochplatte – Backofen. – Anzeige auch von Restwärme bei Platten.*
- *Hitzebeständige Arbeitsptattenoberfläche neben dem Kochfeld.*
- *Schalter mit Stufen-Einrastschaltung.*
- *Dunstabzug nicht in den Raum ragend.*
- *Vor dem Backofen muss eine Arbeitsplatte angeordnet sein.*
- *Backofen -Vollauszug ist wünschenswert.*
- *Im Sitzen erreichbare, ausziehbare Fächer für den Kühlschrank und Tiefkühlschrank.*
- *Backofen, Kühlschrank und Geschirrspüler sollten immer gut einsehbar sein und eventuell erhöht platziert werden.*
- *Wände und Decke der Küche sind tragfähig auszubilden zur bedarfsgerechten Befestigung von Hilfsmitteln.*

Die bereits genannten Leitfäden „Barrierefreie Wohnungen“ und „Wohnen ohne Barrieren“ erläutern noch mehr zum Thema Küche, auch die Arbeitsgemeinschaften Küche sind inzwischen diesem Thema nähergekommen.

Schlafräume

Älteren Menschen sollte weniger die mit Nachteilen behaftete Schlafnische im Wohnbereich zugedacht werden, sondern ihnen sollte grundsätzlich ein abgetrenntes Schlafzimmer zugestanden werden. Der Schlafraum ist nicht nur der Ruhe und dem Schlaf gewidmet, sondern er übernimmt zusehends auch andere Funktionen, wie die eines Trainingsraums, als Bewegungsraum oder als Zimmer mit Arbeitsplatz. Der Schlafraum wird also auch wohnlicher Aufenthaltsraum sein müssen.

In dem Wohnungsbeispiel kann die zu schmale Tür des Schlafzimmers nicht geändert werden. Das Bad müsste sonst noch mehr verkleinert oder die Schrankwand verändert werden. Vor dem Bett ist für die Barrierefreiheit mit 120 cm genug Platz, seitlich mit etwa 70 cm nicht. Wird das Schlafzimmer in den hier für Ein- und Zweibettbelegung gezeigten Abmessungen geplant, dann bietet es die notwendigen Bewegungsflächen.

Die wichtigsten Forderungen aus der DIN 18040-2:

- *Die Bewegungsfläche vor einer Längsseite des Bettes des Rollstuhlfahrers muss 150 x 150 cm sein.*
- *Vor den Schränken oder anderen Möbeln muss der Bewegungsraum 150 cm tief sein.*
- *Für die Barrierefreiheit nach Teil 2 muss die Bewegungsfläche entlang einer Längsseite des Bettes 120 cm breit sein.*
- *Die barrierefreie Bewegungsfläche vor Möbeln – Schränken, Regalen, Betten, Kommoden – muss 90 cm tief sein.*
- *Für den Rollstuhlbenutzer, den Kleinwüchsigen, den Blinden und Sehbehinderten ist bei Bedarf eine zusätzliche Wohnfläche vorzusehen. Im Regelfall sind das 15 m².*
- *Im Pflegefall sollte ein Bett von drei Seiten her zugänglich sein.*

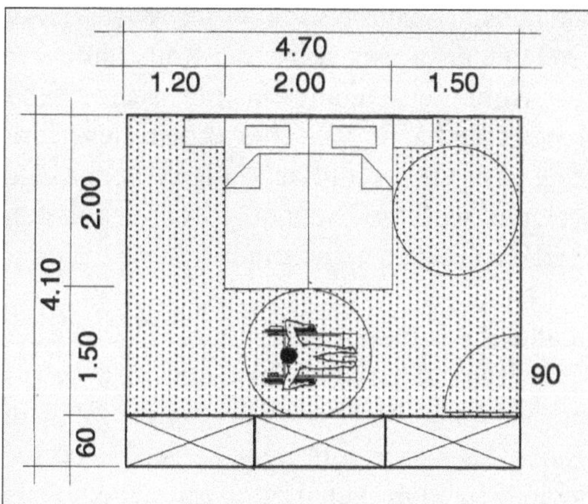

Bewegungsfläche und Platzbedarf im Schlafzimmer nach Teil 1

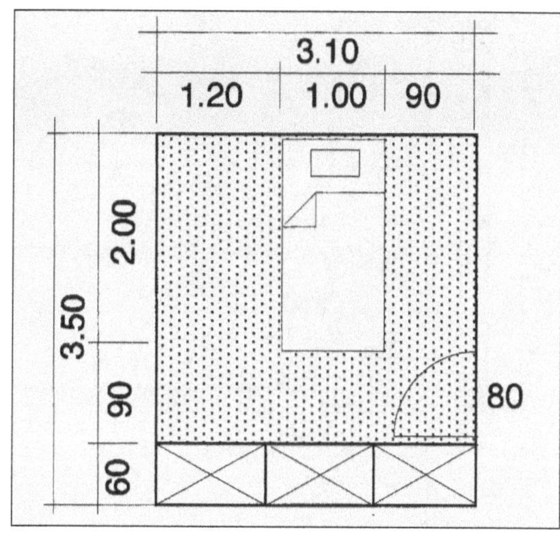

Bewegungsfläche und Platzbedarf im Schlafzimmer nach Teil 2

Über die Einrichtung und die Möbel des Schlafbereichs gibt es in den folgenden Kapiteln noch weitere Informationen.

Balkon, Loggia und Terrasse

Die wichtigsten Forderungen aus der DIN 18040-2:

- *jeder Wohnung sollte ein mindestens 4,5 m² großer Freisitz zugeordnet werden,*
- *Bewegungsfläche auf dem Freisitz 150 x 150 cm,*
- *Absenkung oder Transparentgestaltung der Balkonbrüstung, um auch aus der sitzenden Position den Blick auf die Umgebung zu ermöglichen.*

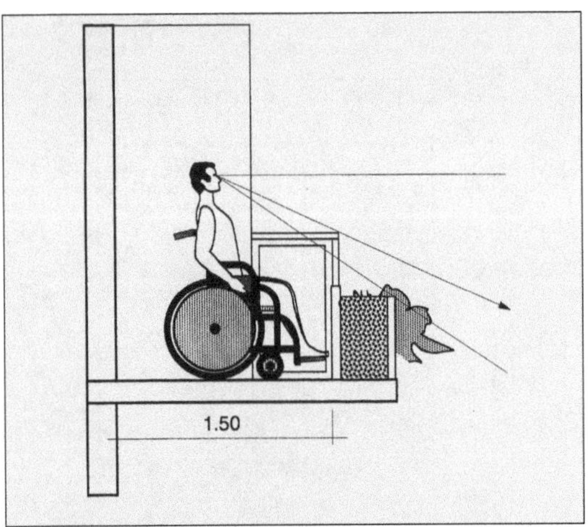

Brüstungsabsenkung bei Balkonen

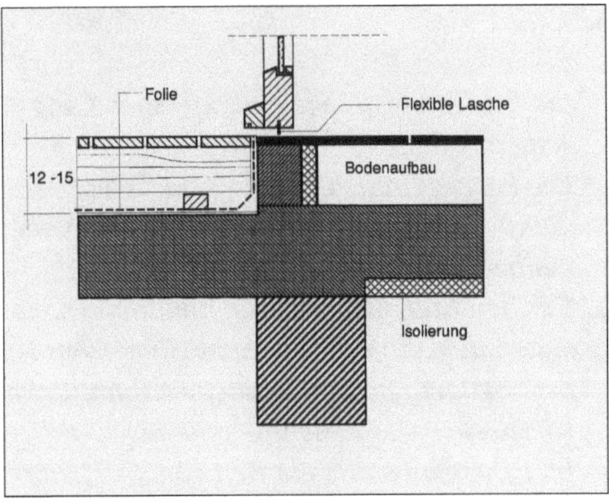

Schema schwellenloser Ausgang Balkon

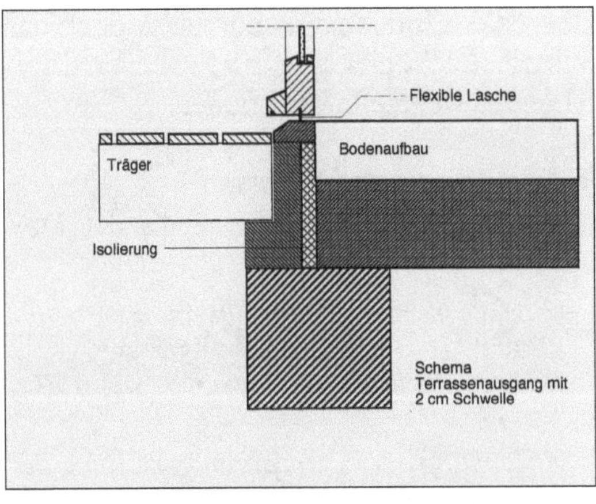

Schema Terrassenausgang mit 2 cm Schwelle bei Balkonen

Wegen der Vorschrift, dass die Brüstungen 90 cm hoch zu sein haben, ist das nicht so leicht zu erreichen. Eine Möglichkeit ist, wie in der nebenstehenden Zeichnung dargestellt, eine Absturzsicherung vor die Balkonfläche zu legen.

Der Blick hinunter auf die belebte Straße wird aber so kaum noch möglich sein. Alternativ könnte im oberen Bereich der Brüstung über 60 cm mit Sicherheitsglas gearbeitet werden.

- *Mobile und leicht zu handhabende Möglichkeiten von Sonnen- und Windschutz,*
- *Steckdose außen,*
- *rutschfeste Bodenbeläge,*
- *schwellenfreier oder maximal 2 cm hoher Übergang von der Wohnung auf den Freisitz.*

Hier gibt es bereits einige brauchbare Vorschläge zu schwellenfreien Konstruktionen. Erforderlich ist, dass diese schwellenfreien Systeme auch von den Herstellern der Fenster- und Türsysteme serienmäßig in das Produktprogramm aufgenommen werden.

Diele und Garderobe

In der dargestellten Wohnung ist der Eingangsbereich, die Diele, größer als das Bad und nahezu genauso groß wie die Küche. Das bedeutet, dass zwar selbst der Rollstuhlfahrer zur Wohnungseingangstür hin ausreichend Bewegungsfläche hat, aber durch diese Planung geht viel Wohnfläche für Verkehrswege verloren, weil die Diele durch Türen von den übrigen Räumen abgetrennt ist.

In anderen Ländern wird oft auf Dielen oder Verteilflure ganz verzichtet und man betritt die Wohnung direkt nach der Eingangstür. In Dänemark wurde zum Beispiel der Eingangsbereich so klein gehalten, dass nur eine Art Schleuse entsteht, über die man die Wohnung betritt. Sonst geht man vom Wohnraum direkt in die Küche oder vom Schlafraum direkt in das Bad. Hier müsste bei künftiger Grundrissplanung alternativ gedacht werden.

Die wichtigsten Forderungen aus der DIN 18040-2:

- *Für den Rollstuhlfahrer muss der Bewegungsbereich hinter der Wohnungseingangstür, also in der Diele, 150 x 150 cm groß sein.*
- *Für die normale Barrierefreiheit gilt: Bewegungsfläche 120 x 120 cm.*
- *Für den Behinderten mit Gehhilfen reichen vor Möbeln 90 cm Tiefe.*
- *Wenn der Rollstuhlfahrer vor Möbeln entlangfährt und seitlich greift, muss die Bewegungsfläche vor Möbeln 120 cm tief sein.*

Das in der Diele am häufigsten zu findende Möbel ist die Garderobe. Für sie gilt, wie für Schränke und Regale, dass sie auch der sitzenden Körperhaltung anzupassen ist, was Hängehöhen, Spiegelanordnung oder Schubladenbedienung betrifft.

Farben und Materialien

Wie für andere Bereiche des Wohnens sollten die zur Verwendung kommenden Farben und Materialien frei von Schadstoffen sein, also kein Formaldehyd, keine Isocyanate oder andere schädliche chemische Verbindungen enthalten.

Bei der Auswahl von Materialien und Farben für ältere Menschen und Personen mit auftretenden Seheinschränkungen sollte darauf geachtet werden, dass in den Gemeinschaftsbereichen Kombinationen ausgewählt werden, die zur besseren Orientierung beitragen und die durch ihre Kontrastwirkung Unfälle verhindern helfen. In den Wohnungen wird immer noch der Mensch selbst seine eigene Vorstellung von Farbe und Material wählen, auch bis ins hohe Alter.

In den Pflege- oder Klinikbereichen werden die Räume nach den bekannten Regeln der Farbpsychologie und der Erfahrung damit gestaltet.

Wissenschaftliche Erkenntnisse über die Farbbevorzugung und Farbablehnung älterer Menschen liegen inzwischen vor. Auch über die Wirkung der Farben liegen brauchbare und anwendbare Ergebnisse vor.

Wohnungsbeispiele

Nachdem die Forderungen und Bedürfnisse für ältere Menschen bereits aufgezeigt wurden und auch die wichtigsten Forderungen und die Aussagen der DIN 18040-2 besprochen sind, sollen hier einige Wohnungsbeispiele auf ihre altengerechte Beschaffenheit hin überprüft werden. Die nicht altengerechten Beispiele können nun leicht mit dem notwendigen Wissen, soweit es die Umstände vor Ort zulassen, barrierefrei angepasst oder umgebaut werden. Barrierefrei geplante Beispiele lassen sich analysieren und auf ihre Richtigkeit hin untersuchen. Die Forderungen nach barrierefreiem und altengerechtem Wohnen sollten so optimal wie möglich erfüllt werden, was aber oft erst durch bauliche Veränderungen und durch den Einsatz von finanziellen Mitteln erreicht werden kann, wie dies das erste Beispiel zeigt.

Beispiele der Wohnanpassung

Beispiel 1

Einbau eines altengerechten Bades für ein behindertes Ehepaar.

Herr Schmid, 60 Jahre alt, leidet unter den Folgen einer Kinderlähmung und sitzt im Rollstuhl. Seine Ehefrau, 65 Jahre alt, ist auf Grund eines Schlaganfalls an einer Körperhälfte gelähmt. Sie ist ebenfalls auf den Rollstuhl angewiesen. Gepflegt werden beide durch die Tochter und einen Pflegedienst.

WC und Vorratsraum sind zu schmal, um sie mit dem Rollstuhl befahren zu können und der Einstieg in die Badewanne bereitet große Schwierigkeiten.

Es werden folgende Maßnahmen zur Wohnanpassung vorgenommen:

- *Zur Raumgewinnung Zusammenlegung von WC-Raum, Badezimmer und Vorratsraum,*
- *Einbau einer bodengleichen Dusche – mit Gehwagen und Rollstuhl befahrbar,*
- *Montage eines Duscheklappsitzes,*
- *Montage eines Sicherheits-Haltegriffes zum Hochklappen; als Kontrast für die leichte Sehbehinderung farbig gestaltet,*
- *Einbau eines unterfahrbaren Waschbeckens in angepasster Höhe,*
- *Einbau eines Hänge-WCs in angepasster Höhe, um sicheres Umsetzen vom Rollstuhl oder bequemes Aufstehen zu gewährleisten,*
- *Montage eines Sicherheitshaltegriffes zum Hochklappen neben dem WC, ebenfalls farbig,*
- *Verlegung von rutschfesten Fliesen R10 (Bewertungsgruppe nach DIN 51097) im Duschbereich, R9 im übrigen Bad,*
- *Einbau einer Badewanne mit Untertritt zur besseren Nutzung mit Rollstuhl und bei Hilfestellung durch eine Pflegeperson,*
- *Montage von Haltegriffen an der Badewanne, farbig,*
- *Einsatz eines Badewannenlifters zum sicheren Auf- und Abfahren in der Badewanne,*
- *Verbreiterung der Badezimmertür zur Benutzung mit Gehwagen oder Rollstuhl,*

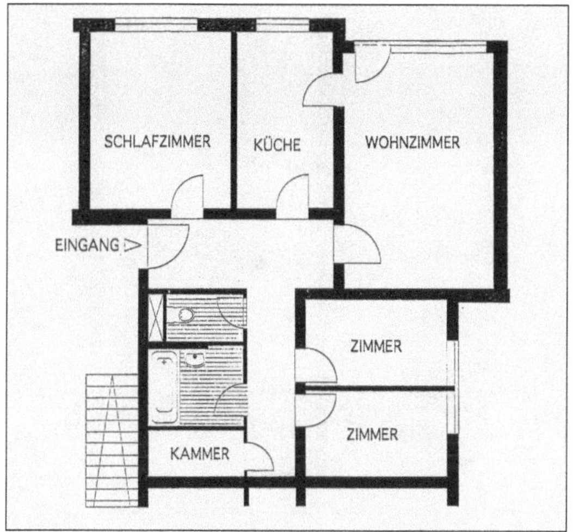

Grundriss der Wohnung vorher

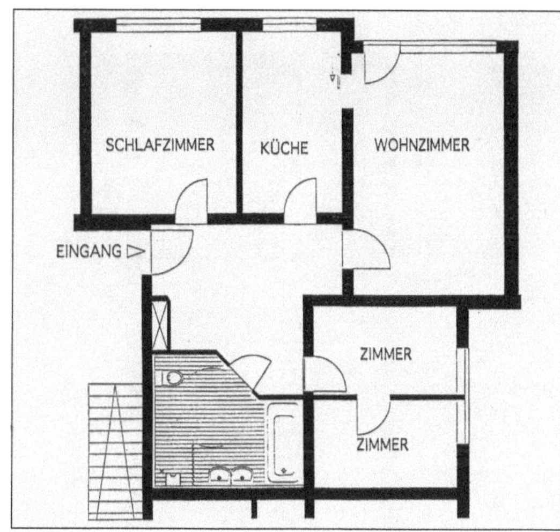

Grundriss der Wohnung nachher

(Architekt Wiedmann, Sozialreferat der Stadt München)

- *Verbreiterung des Eingangsflures für Bewegungsfreiheit.*

Gesamt-Anpassungskosten, inclusive Rampe am Hauseingang, Malerarbeiten und Flurteppich: ca. EURO 22.500. Zuschüsse zur Finanzierung gab es von der Krankenkasse, der Pflegekasse, aus dem Programm Wohnungsanpassung München und aus dem Programm der Bayerischen Staatsregierung gemäß dem Wohnraumförderungsgesetz.

Beispiel 2

Die Wohnung A der Wohnanlage wurde 1991 noch nicht altengerecht geplant. Da sie ebenerdig liegt, ist der Zugang ohne Aufzug gesichert. Ein Umbau zu einer altengerechten, eventuell sogar zu einer behindertengerechten Wohnung ist mit relativ wenig finanziellen Mitteln möglich und wäre zu einem Zeitpunkt denkbar, zu dem ohnehin eine Wohnungsrenovierung vorgesehen ist:

Folgende Umbauarbeiten sind erforderlich:

- *Teilabbruch und Verputzen der südlichen Küchenwand und dadurch Anschluss der Küche an den Wohnraum oder Essbereich mit erforderlicher Bewegungsfläche. Alternativ ist natürlich der Einbau von raumtrennenden Schiebetüren denkbar.*
- *Herausnehmen der Tür von der Diele zum Wohnzimmer und Verputzen des erweiterten Durchgangs.*
- *Erweitern der Türöffnung zum Bad und zum Schlafzimmer auf das Rohbaulichtmaß von 885 mm.*
- *Einbau von zwei neuen Türen mit 811 mm Durchgangsbreite.*
- *Einrichten eines etwas knapp bemessenen barrierefreien Bades mit bodengleicher Dusche oder mit Badewanne.*
- *Im Zuge der Umbaumaßnahmen: Verändern der elektrischen Installation und Ergänzen fehlender Einrichtungen.*
- *Ändern der Terrassentür in eine schwellenfreie Konstruktion.*

Das Absenken einer Fensterbrüstung ist möglich, gilt aber als Fassadenänderung an dem bestehenden Gebäude und ist deshalb mit einer Baueingabe verbunden. Alle möglichen zusätzlichen altengerechten Ausstattungen sind denkbar.

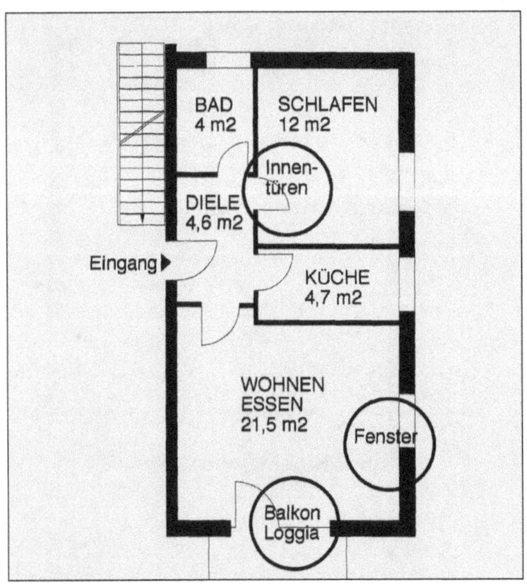

Wohnung aus Haus A der Wohnanlage 1991

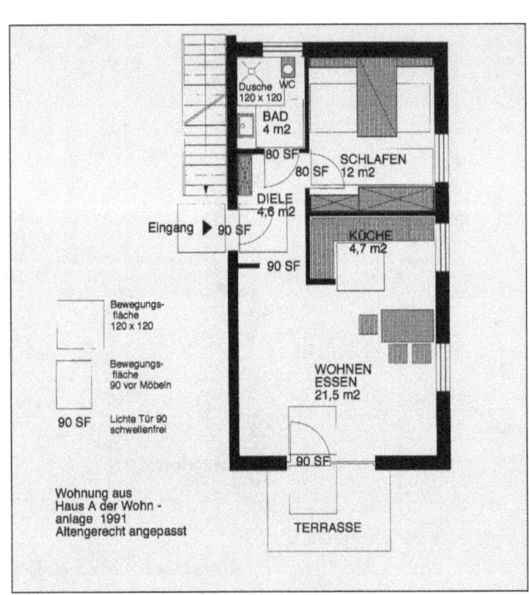

Altengerecht angepasst

Beispiel 3

Das Einfamilienwohnhaus in Holzständerbauweise auf herkömmlichem Betonkeller in leichter Hanglage hat über Jahre hinweg eine fünfköpfige Familie beherbergt; es ist nicht barrierefrei und nicht altengerecht erbaut. Inzwischen hat ein Kind das Haus verlassen. Die zwei anderen arbeiten in der Umgebung, leben noch im Elternhaus. Sie wollen auch zukünftig zusammen mit einem Lebensgefährten in dem Haus wohnen.

Der Vater hat das Büro aufgegeben. Für die noch anfallenden Arbeiten ist ein 74 m² großes Büro nicht mehr erforderlich. Da das Haus groß genug ist, will sich der Bauherr das Erdgeschoss altengerecht ausbauen und das Unter- und Obergeschoss jeweils in eine Wohnung für zwei der Kinder umbauen. Gezeigt wird eine Version der möglichen altengerechten Veränderungen der Wohnung.

Das Untergeschoss beinhaltet nun eine abgeschlossene Wohnung, die altengerecht geplant wurde. Hindernisse bilden die beiden Außentreppen und der Ebenenversatz von 15 cm. Erdgeschosswohnung: Der Hof vor der Garage wird um 15 cm angehoben und ermöglicht damit schwellenfreies Betreten des Hauses. In die Garage wird eine leicht abfallende Rampe mit entsprechender Entwässerung gebaut. Der Vorplatz im Haus wird Verteiler für die Erdgeschoss- und die Obergeschoss-Wohnung. Da das Erdgeschoss schon immer über einer Fußbodenheizung gefliest war und die Türen gänzlich ohne Schwelle sind, brauchen die Böden jetzt nicht mehr ausgeglichen zu werden. Das Versetzen von Leichtbauwänden innen ist bei dieser Bauweise kostengünstig und leicht zu handhaben. Das Duschbad wird vergrößert, der Essbereich, der jetzt nur noch für die Eltern und deren Gäste reichen muss, wird verkleinert.

Die Küche war schon immer barrierefrei zu erreichen. An ihr wird zunächst nichts geändert. Auch der Wohnbereich kann bleiben. Die Tür des ehemaligen Kinderzimmers – jetzt Schlafbereich der Eltern – wird zum Vorplatz hin geschlossen, die Erschließung

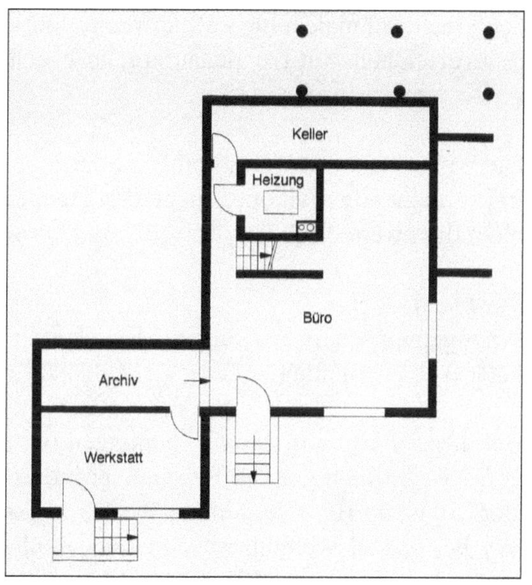

Untergeschoss 74 m² Bestand

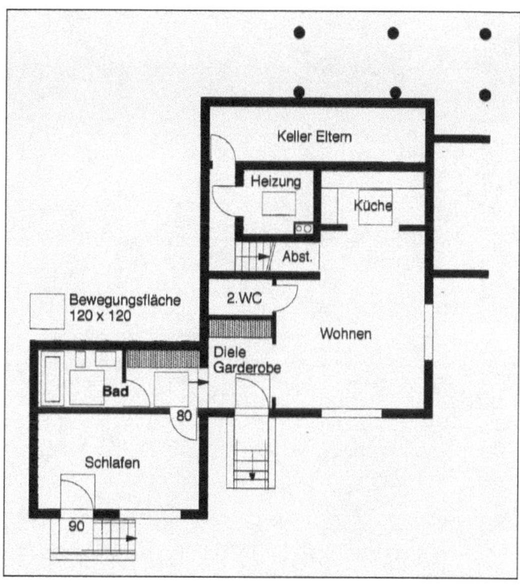

Untergeschoss 74 m², Wohnung Kind 1, teilaltengerecht

erfolgt über den Wohnbereich. Die Tür zur Terrasse ist zwar schwellenfrei auszuführen, aber die Durchgangsbreite liegt wegen des Hausrasters bei etwa 76 cm. Dies gilt auch für die Tür in das Bad. Nur mit erheblichem Kostenaufwand wäre hier eine Verbreiterung auf 80 cm möglich. Nachteil dieser Version ist, dass das Bad weit vom Schlafbereich entfernt liegt. Dies ließe sich nur durch einen Tausch von Küche und Schlafen ermöglichen, was aber erhebliche Kostensteigerungen für den Umbau zur Folge hätte.

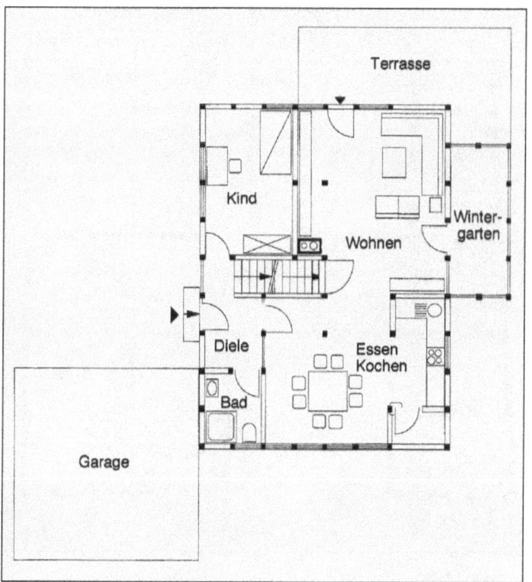

Erdgeschoss 83 m² Bestand

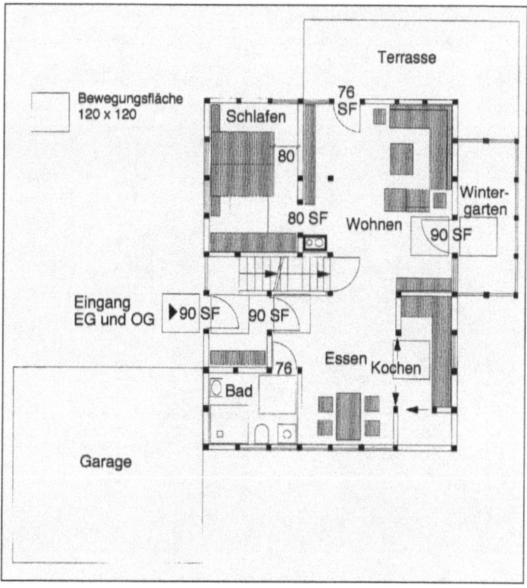

Erdgeschoss 83 m², Wohnung Eltern, altengerecht

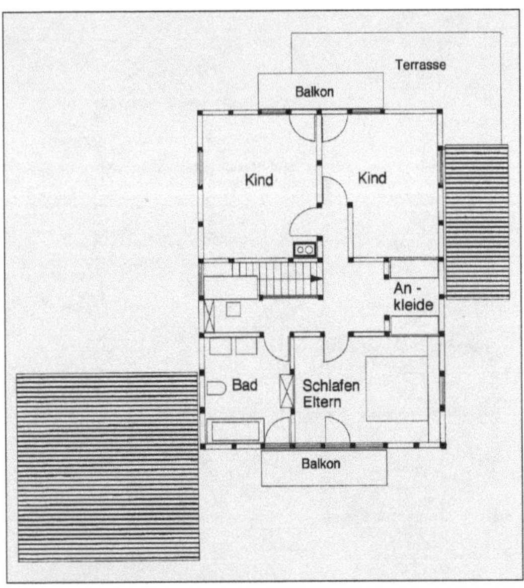

Obergeschoß 73 m² Bestand

Das Obergeschoss ist zu einer in sich abgeschlossenen Wohnung geworden, die beim Umbau soweit wie möglich ebenfalls altengerecht geplant wurde, obwohl junge Leute dort wohnen sollen. Die Ebene ist nur über die doch recht schmale, einen Meter breite Treppe zu erreichen. Ein Treppenaufzug ließe sich gegebenenfalls nachrüsten.

Die Wohnung selbst ist nur teilweise barrierefrei – nicht die Balkone, nicht die Treppe, nicht das zweite WC.

Obergeschoß 73 m², Wohnung zweites Kind, teilaltengerecht

Beispiel 4

Wohngemeinschaft von alten Menschen in einer Altbauwohnung.

Bei dieser Form von Altbauwohnungen wird in der Regel wenig an der Substanz geändert. Der Lift ist im Haus vorhanden, die Türen haben bei diesen Wohnungen ohnehin Durchgangsbreiten von nahezu einem Meter, die Fenster bestimmen die oft denkmalgeschützte Fassade und die Brüstungen dürfen nicht abgesenkt werden.

Trotzdem fallen auch hier bei der Wohnungsanpassung viele Änderungen an:

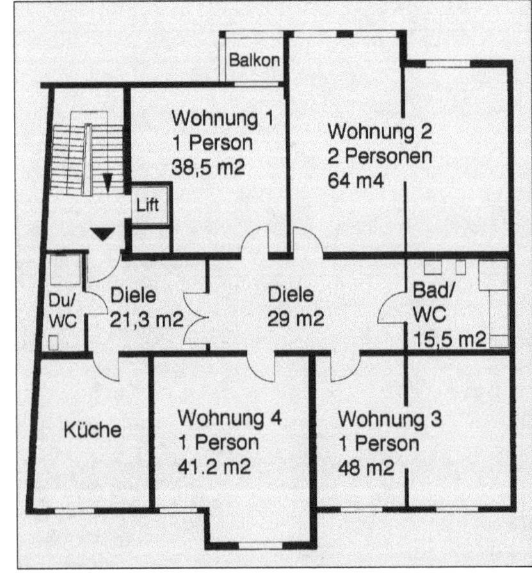

Altbau-Wohnung für eine Wohngemeinschaft angepasst, München

- Herausnehmen der Schwellen bei der eventuellen Sanierung der alten Holzböden, Herstellen von Schwellenfreiheit.
- Planung und Einbau von barrierefreien Bädern für die gemeinsame Nutzung von fünf Personen innerhalb der Wohnung.
- Planung und Einbau einer gemeinsamen, nicht herkömmlichen Küche für die Nutzung durch fünf Personen. Dies könnte die Installation eines zweiten Herdes nötig machen. Jeder hat seinen eigenen Kühlschrank und es gibt eine gemeinsame Arbeitsfläche.
- Diele 1 und Diele 2 lassen Platz für Garderobe und gemeinschaftliche Aktivitäten außerhalb der Wohnungen.

Die großen Wohnräume selbst bleiben im wesentlichen unangetastet und werden von den Bewohnern selbst individuell gestaltet. Lediglich der Einbau eines Fensterplatzes wäre mithilfe eines vorgelagerten, 30 cm hohen Podests möglich, da die Brüstung ja nicht abgesenkt werden kann.

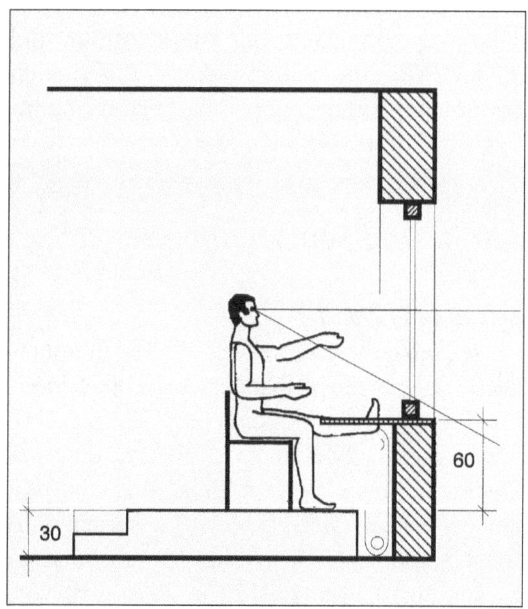

Angepasster Fenstersitzplatz, altengerecht

Neu gebaute, altengerechte Wohnungen

Beispiel 1

Bei Neubauten können Wohnungen von Beginn an barrierefrei, altengerecht oder behindertengerecht geplant werden. Beispiel 4 zeigt eine behindertengerechte Wohnung aus dem „Riegelwerk", einer Altenwohnanlage in Blaubeuren, nach der DIN 18040-2. Betreten oder befahren wird die Wohnung über eine Art Schleuse, die nicht viel Platz benötigt. Vor den Möbeln in seitlicher Anfahrt sollte eine Bewegungsfläche von 120 cm sein. Das wurde eingehalten. Das Bad hat zwei Eingänge und deshalb kann auf die Erfüllung der Forderung, dass die Türen nach außen aufgehen müssten, verzichtet werden – ist die eine

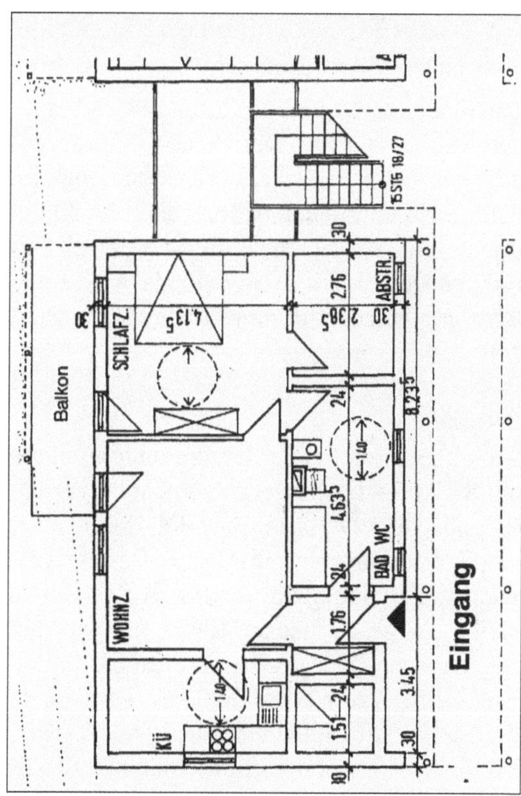

Darüberliegender Laubengang (Wohnanlage in Blaubeuren)

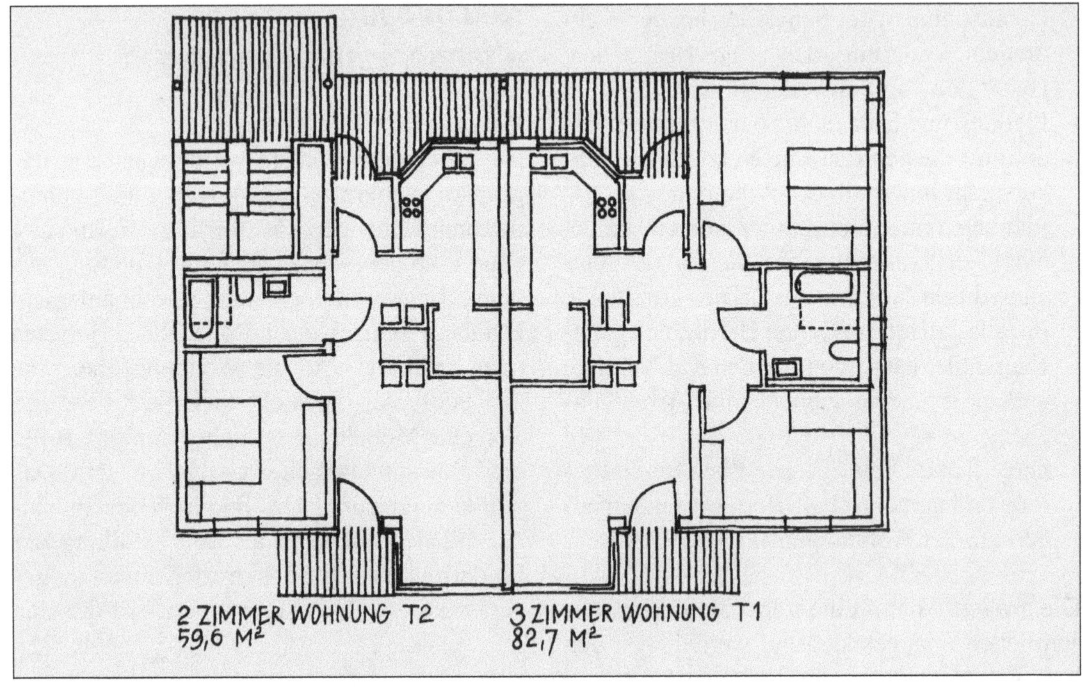

Wohnungsvorschläge (Wohnen ohne Barrieren..., BM I 1995)

Tür blockiert, kann man durch die andere in den Raum gelangen. Der Balkon ist breit genug, lediglich der zweite Bewohner hat im Schlafbereich auf seiner Bettseite nur 70 cm statt 90 cm Bewegungstiefe. Vermutlich aus Gründen der Baukostenersparnis wurde die Bewegungsfläche für den Rollstuhlfahrer auf 140 x 140 cm reduziert.

Beispiel 2

Die abgebildete rechte Dreizimmerwohnung mit 82,7 m² ist behindertengerecht eingerichtet und bietet die nach der DIN 18040-2 für den Rollstuhlnutzer geforderten Bewegungsflächen. Das Schlafzimmer für zwei Personen bleibt ein geschlossener Raum als privater, abgetrennter Rückzugsbereich, die Diele ist nur noch in Form einer Schleuse vorhanden. Die sonst dafür üblichen Quadratmeter sind nun dem Wohnbereich zugeschlagen. Die linke Zweizimmerwohnung ist barrierefrei geplant.

Beispiel 3

Inzwischen wird auch mit dem Konzept ganzer Hausgemeinschaften geplant, die allerdings ein schlüssiges Betreuungs- und Personalkonzept brauchen, um wirtschaftlich und in der Pflegequalität mit den traditionellen Formen der Altenpflege konkurrieren zu können (Bild Seite 69).

Alten- und Seniorenheim

Beispiele 1, 2 und 3

Diese Beispiele zeigen Wohneinheiten mit etwa 32 m² für das selbstständige Leben in einem Senioren-Wohnheim. Im Eingangsbereich ist ein schmaler Küchenblock untergebracht, der ausreicht, um kleinere Kocharbeiten im Stehen auszuführen. Gegessen wird sonst gemeinsam im Heim. Die notwendige Bewegungsfläche von 120 x 120 cm ist vorhanden. Die Tür des Bades geht in die falsche

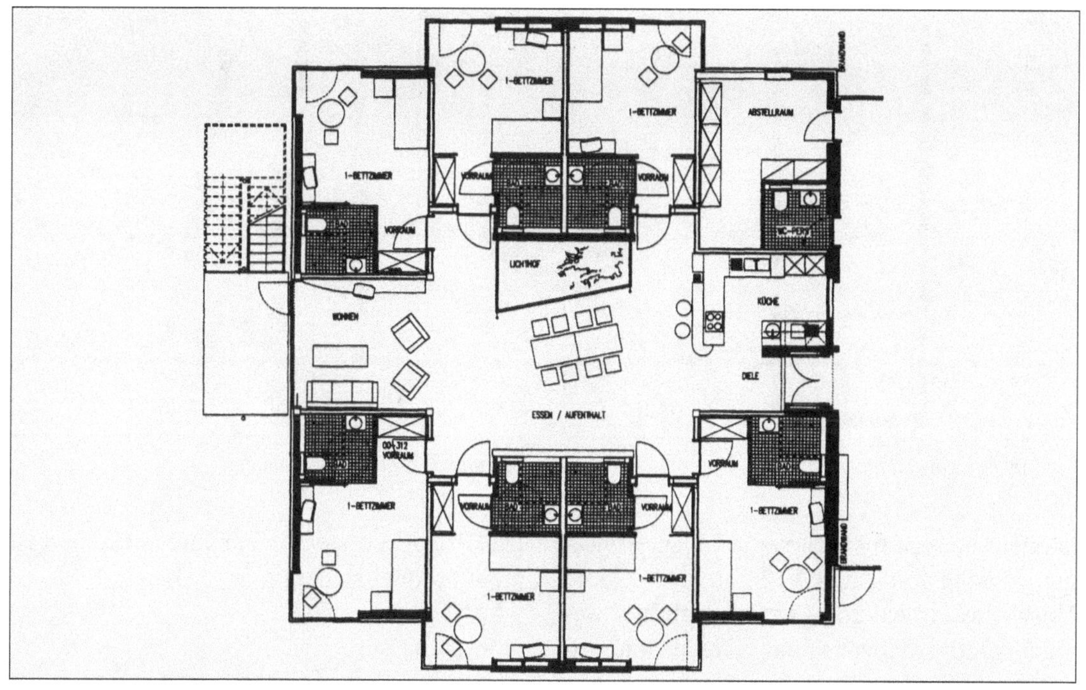

Hausgemeinschaft im Seniorenpark Dießen: Aus Arbeitsblätter 5 für den Wohnungsbau, Oberste Baubehörde München (Architekten: Schinharl und Höss, München)

Richtung auf, das Duschbecken ist mit 12 cm hohem Rand herkömmlich und aus Platzgründen im Bedarfsfall schwerlich in eine bodengleiche Dusche umzuwandeln.

Das Bett ist in eine Nische eingebaut und dadurch nur von einer Seite her zugänglich. Es ist also schwierig für den älteren Menschen, das Bett zu machen und im Pflegefall ist diese Anordnung nicht geeignet. Je nach vorhandener Möblierung ließe sich im Pflegefall natürlich eine Umstellung des Bettes erreichen. Der Wohnbereich erlaubt die Einrichtung mit eigenen Möbeln und der Balkon bietet die Möglichkeit, Pflanzen zu haben und selbst zu pflegen.

Der zweite Zimmertyp eines Altenheims ist ähnlich aufgebaut. Er ist allerdings schon im Jahr 1972 gebaut worden und deshalb im Bereich Diele und Bad noch nicht mit den von

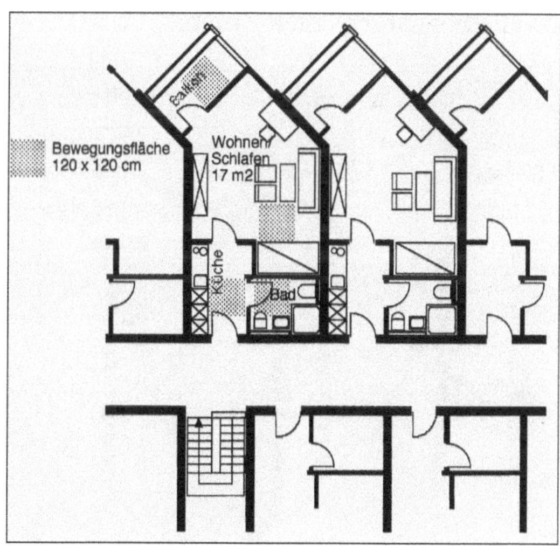

Beispiel 1: Altenheim

der DIN empfohlenen Bewegungsflächen ausgestattet. Diele und Bad sind sehr eng.

Typ 3 ist das Zimmer eines Pflegeheims. Türdurchgänge sind ausreichend breit. Das Bad

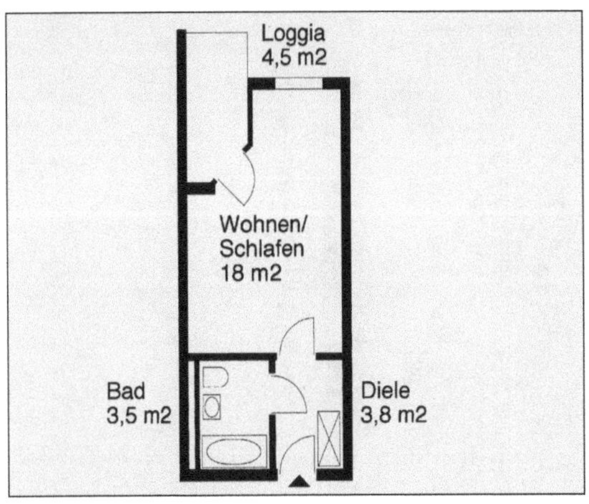

Beispiel 2: Einbettzimmer

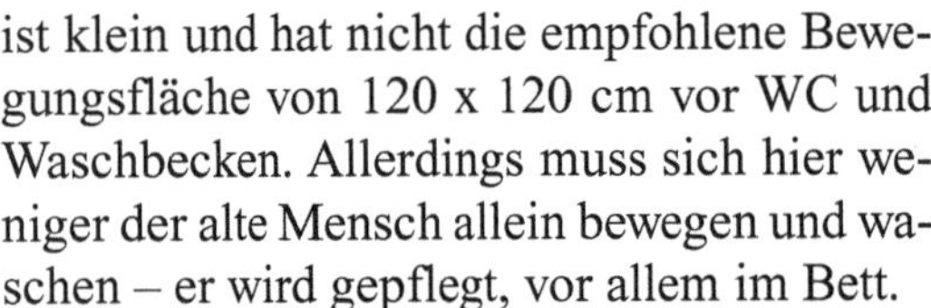

ist klein und hat nicht die empfohlene Bewegungsfläche von 120 x 120 cm vor WC und Waschbecken. Allerdings muss sich hier weniger der alte Mensch allein bewegen und waschen – er wird gepflegt, vor allem im Bett.

Neuerer Bauart sind die in der folgenden Zeichnung dargestellten Zimmer.

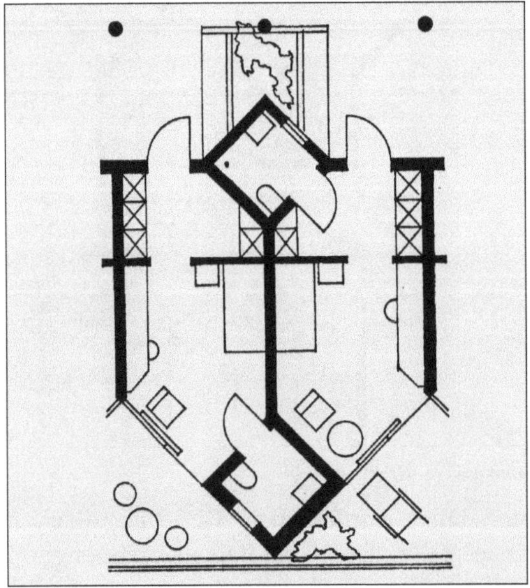

Seniorenheim Anlautertal Titting. Aus Arbeitsblätter 5 für den Wohnungsbau, Oberste Baubehörde München (Architekten: Hans Nickl und Partner, München)

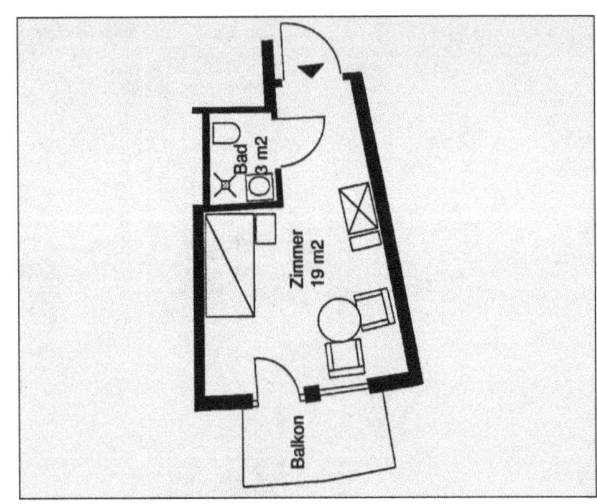

Beispiel 3: Einbettpflegezimmer

Das Pflegebett steht in der Raumecke und ist nicht optimal zugängig.

Alternativ:
Auch hier ist das Pflegebett in der Raumecke untergebracht, also nur zweiseitig frei. Durch Umstellen der Möblierung ließe sich hier Abhilfe schaffen.

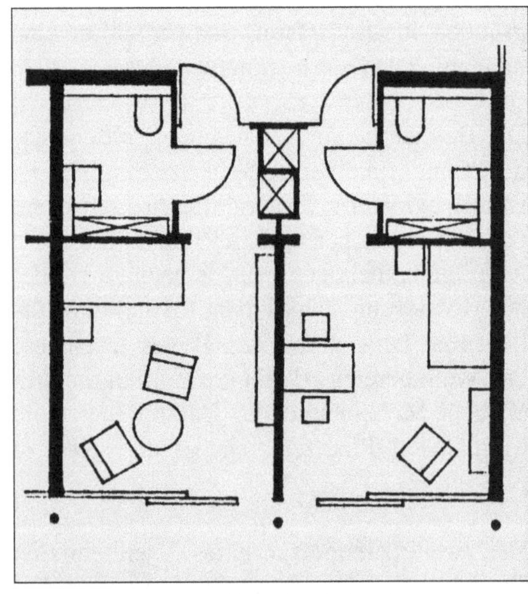

Altenpflegeheim Manching. Aus Arbeitsblätter 5 für den Wohnungsbau, Oberste Baubehörde München (Architekt: Wolfgang Glaser, München)

Wohnen mit altengerechter und barrierefreier Einrichtung

Neben den baulichen Anforderungen an eine Wohnung sind es die Möbel und die Ausstattung, die das Umfeld des Menschen ausmachen und mit denen er täglich lebt.
Hier hat der ältere Mensch mehr Chancen, seine eigene Umgebung nach seinen Vorstellungen zu gestalten, sofern er altengerechte Möbel und Produkte kaufen kann, diese nicht seine finanziellen Mittel überschreiten und er beim Kauf umfassend und gut beraten wird.
Für dieses Buch wurde der Versuch unternommen, von Herstellern und Verbänden über wesentliche Möbelgruppen Auskünfte über Entwicklungsstand und neue Produkte zu erfahren. Der Rücklauf an Informationen war spärlich und die Antworten zum Thema gingen oft an der Sache vorbei.
Ziel des Buches ist es auch nicht, alle altengerechten Einrichtungsmöglichkeiten vorzustellen, sondern an Beispielen richtige Ansätze für geeignete Lösungen aufzuzeigen.

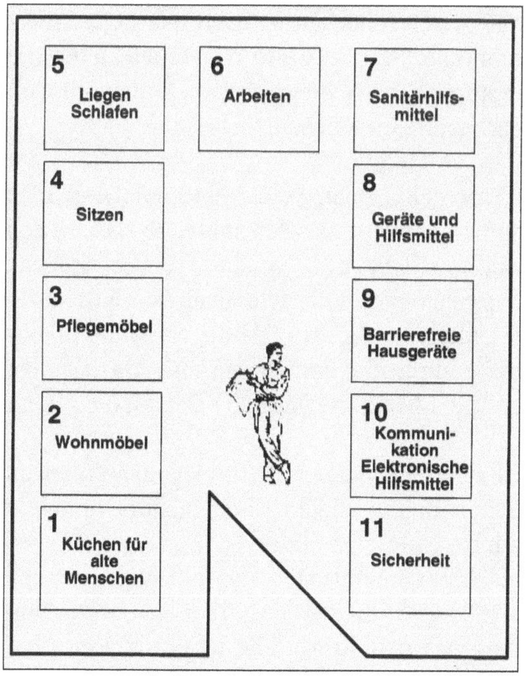

Altengerecht und barrierefrei Wohnen in der Wohnung, Möbel und Einrichtung

Küchen für alte Menschen und Behinderte

Bereits im Frühjahr 1982 bot die Nett Hausgeräte GmbH in Zusammenarbeit mit dem Institut für Versorgungstechnik der Fachhochschule Karlsruhe ein Küchenfunktionszentrum für Behinderte und ältere Menschen an.
Wesentliche Merkmale dieser Küche waren:
Das Küchenfunktionszentrum für Ältere und Behinderte erfüllt auf kleinem, aber nicht beengtem Raum wesentliche Forderungen:

- *Platzabstimmung auf optimale Bewegungsfreiheit, auch für den Rollstuhlfahrer,*
- *maximale Raumausnutzung,*
- *volle Unterfahrbarkeit der Arbeitselemente Vorbereiten, Kochen, Backen und Spülen,*
- *freie Verschiebbarkeit des Geschirrs ohne Anheben und Absenken im gesamten Funktionsbereich,*
- *zentrale Zusammenfassung der Bereiche, die ständig gebraucht werden,*
- *wählbare Arbeitshöhe,*
- *Abgleitsicherung an den Vorderkanten der*

Küche Sidelift 6400 Granberg Deutschland GmbH

Arbeitselemente,

- *alle Abschaltfunktionen problemlos durch großflächige Taster,*
- *bequemes Arbeiten auf dem Küchenstuhl oder im Rollstuhl sitzend,*
- *kräftesparendes und behindertengerechtes Ziehen und Schieben anstatt Tragen und Heben.*

Diese Küche wird nicht mehr hergestellt, aber die Grundüberlegungen von 1982 sind sichtbar in die DIN 18040-2 und das barrierefreie Wohnen eingegangen (siehe auch im Literaturverzeichnis: „Wohnen ohne Barrieren" und „Barrierefreie Wohnungen").

Die Grundfrage, ob neben der Höhenverstellung der Arbeitsplatte für ein Arbeiten im Stehen, Sitzen auf einem Arbeitsstuhl und Sitzen im Rollstuhl auch die Oberschränke höhenverstellbar sein müssen und ob diese dabei erreichten Höhen in jeder Lebensphase immer alle gleichzeitig zur Verfügung stehen müssen, ist in der Industrie heute noch nicht beantwortet. Nicht spezialisierte Hersteller bieten verstärkt höhenverstellbare Teilarbeitsplatten an und Schubkasten-Vollauszüge mit mehr Einblick oder Teile, wie z. B. 40 cm hohe Oberschränke. Spezialisierte Hersteller bieten die motorisch betriebene Vollverstellbarkeit von barrierefreien Küchen.

Nicht geklärt ist, wann eine solche Küche sinnvoll gekauft werden sollte, ob sie sich den Bedingungen des fortschreitenden Lebens anpassen kann oder wie groß eine Küche für ein älteres Ehepaar oder für eine alte, alleinstehende Dame noch sein muss. Dazu einige auf dem Markt befindliche Beispiele:

Zu überlegen wäre auch, ob Küchenmöbel, an denen man im Sitzen arbeiten kann, vielleicht auch schon von jüngeren Personengruppen als Mehrgenerationen-Produkt angenommen würden, wären sie denn im Angebot vorhanden. Alternative Module und sich anpassende, kostengünstige Produkte sind zur Zeit kaum zu finden.

Wohnmöbel

Gemeint sind damit die Produktgruppen der Wohnwände, der Schrankwände, der Gäste- und Arbeitszimmereinrichtungen, der Ferienwohnungen, der Ess- und Schlafzimmer und sonstige Einzelmöbel.

Bis auf wenige Ausnahmen sind im Bereich der Schlafraummöbel keine speziellen Produkte auf dem Markt zu finden, es sei denn teure Senioren-Komfort-Möbelprogramme mit gedachter „Ästhetik speziell für alte Leute", die wohl für die Einrichtung von Senioren-Wohnstiften gedacht sind.

In Schlafzimmerprogrammen sind das Seniorenbett mit Sitzhöhen von maximal 57,5 cm, die entlang der Bettseite verfahrbare Konsole mit hochschwenkbarem Tablar in den Höhen 82 bis 92 cm, der verstellbare Federholzrahmen, gelegentlich Falt- und Schiebetüren und in Schränken vollausziehbare Schübe und Körbe, Kleiderlifter oder ausziehbare Krawattenhalter zu finden.

Die drehbare Innenausstattung ist inzwischen ebenfalls zu haben. Aber eher für den Normalverbraucher, denn die Türen vor der Dreheinrichtung sind geblieben.

Ein Großteil der Möbelhersteller hat sporadisch aufgegriffene Detail-Lösungen und Versuchsprogramme wieder vom Markt genommen. Hier bietet sich ein großes Betätigungsfeld, wenn man die Bedürfnisse und Forderungen erst einmal richtig erkannt haben wird.

Denkbar sind alternative Stauräume, eingepasst in den Wohnungsgrundriss in Verbund mit der Architektur, vielleicht in Form von begeh – und befahrbaren Schränken. Regale und Wohnwände, in denen die im Leben gesammelten Gegenstände und Bücher auch weiterhin leicht zu benutzen sind, weil man nicht erst auf eine Klappleiter steigen muss, um sie aus einer Höhe von 2,20 m herab zu holen.

Pflegemöbel

Für das Einrichten von Alten- und Pflegeheimen ist in den vergangenen Jahren eine Vielzahl von Möbelprogrammen auf dem Markt erschienen – mit unterschiedlichem Design und zu unterschiedlichen Preisen. Neben der Erfüllung technischer und hygienischer Anforderungen wird hier inzwischen auch auf die Wohnlichkeit geachtet. Praktisch, liebevoll eingerichtet, Lebensraum zum Wohlfühlen, damit der Krankenzimmercharakter verschwindet. (Das Pflegebett wird hier zunächst ausgeklammert und auf Seite 75 im Bereich Liegen und Schlafen behandelt).

Die Produktpalette der Pflegemöbel beinhaltet in den meisten Fällen die folgenden Elemente: Bett, Pflegebett, Nachtschrank, Schränke mit leicht zu greifenden Beschlägen, Regale, Garderobeteile, Stühle und Sessel, Zusatzelemente wie Aufrichtebügel oder Leselampen.

Viele dieser Möbelelemente haben sich allerdings in ihren Funktionen nicht geändert:
Das Licht über dem Bett bleibt statisch, die Schubladen des Nachttisches gehen in die verkehrte Richtung auf und die Höhe der Ablage kann sich der Höhe des Bettes nicht anpassen. Schränke sind nach wie vor zu hoch und die Umgebung des Bereiches ist ebenfalls nicht ausreichend gestaltet. Angepasste Elektronik und Medientechnik fehlen.

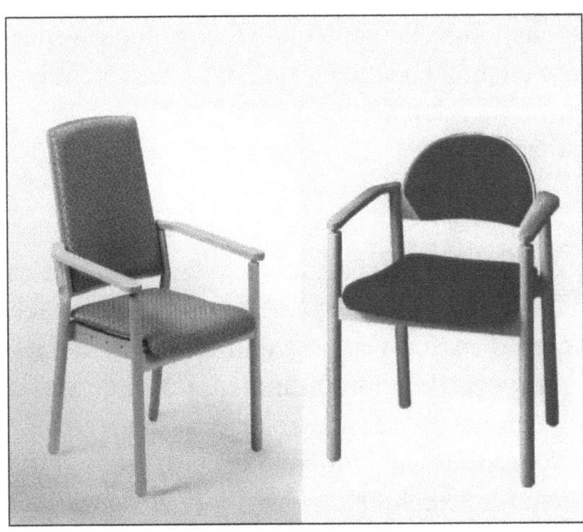

Beispiele Kason S 169 und Kason 167

Sitzen

Sitzmöbel werden im Zusammenhang mit Pflege- und Altenheimmöbeln angeboten. Sie werden nach folgenden Gesichtspunkten unterschieden:

- hohe Stabilität und Standfestigkeit,
- Vermeidung von Verletzungsgefahr durch abgerundete Ecken und Kanten,
- ausreichende Sitzbreite ohne zu große Sitztiefe ermöglicht ein natürliches, bequemes und ermüdungsfreies Sitzen auch mit einer um die Hüften gelegten Decke,
- breite Armlehnen ermöglichen die natürliche Lagerung des Unterarms,
- die Neigung der Armlehnen nach vorn erleichtert das Aufstehen,
- ausreichend hohe Rückenlehnen,
- Kippsicherheit,
- wahlweise mit abnehmbarem Sitzbezug und Schutzfolie.

Neben den Ruhemöbeln werden auch Produkte für das Pflegen angeboten. Mit einer Einhebelbedienung lässt sich der Mechanismus in jeder Stellung mühelos arretieren – ohne Hydraulik, ohne Elektrik – für das Sitzen, Liegen und Pflegen. Zusatzelemente sind feststellbare Rollen, die einhängbare Fußstütze, seitliche Taschen, das aufsteckbare Tablett zum Essen und Lesen, das höhenverstellbare Nackenkissen und ein Nässeschutz.

Für den Arbeitsplatz gibt es Stühle, rollbar, höhenverstellbar und mit Einstellmöglichkeiten für besondere Behinderungen wie Arthrose oder Bandscheibenschäden.

Der spezielle mobile Arbeitsstuhl für die Küchenarbeit im Sitzen muss erst noch entworfen werden. Sicher kann man sich mit einfachen Büro-Drehstühlen oder Hockern helfen, aber selten ist die Rollen-Leichtläufigkeit dafür geeignet.

Völker Pflegebett höhenverstellbar

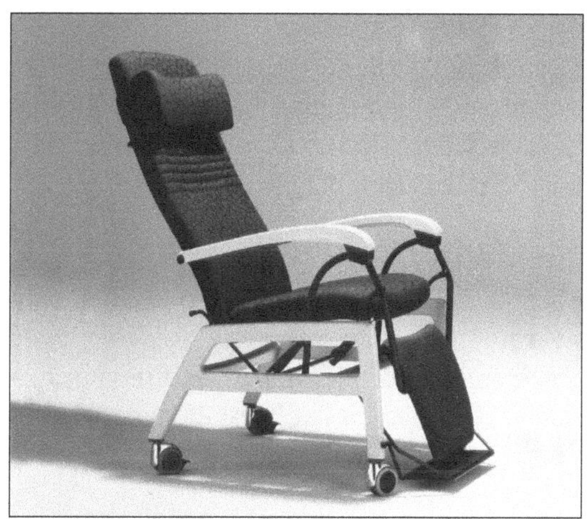

Pflegesessel „Care", Modell 7200, Design Udo Feldotto

Meyra Arthrosestuhl Ökonom

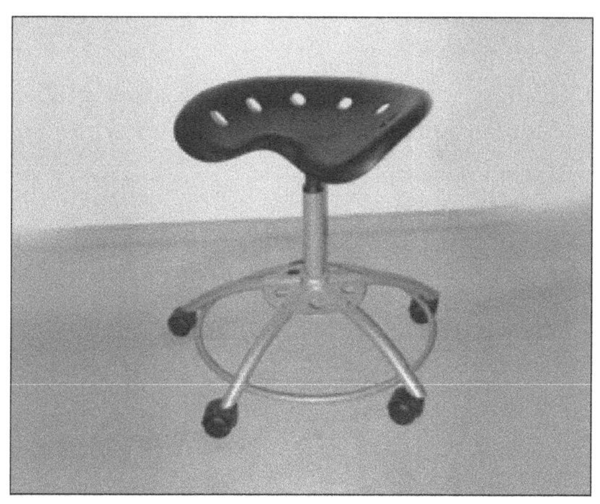

IKEA-Traktor

Liegen und Schlafen

Im Bereich der Betten gibt es bereits einige geeignete Produkte verschiedener Preisklassen auf dem Markt. Unterschieden werden muss zwischen:

- dem „normalen" Bett, das keine speziellen Funktionen für ältere Menschen beinhaltet,
- dem reinen „Seniorenbett", das gestalterisch zu einem der üblichen Schlafzimmerprogramme gehört, das aber neben geeigneten, festen Höhen für das Aufsetzen die Möglichkeit bietet, die Liegepositionen zu verstellen
- und dem Pflegebett.

Letzteres ist ein höhenverstellbares Bett mit großer Multifunktionalität, das dem alten Menschen bei akuter Erkrankung, chronischer Behinderung oder bei altersbedingter Schwäche ermöglicht, längere Phasen im Bett zu verbringen und in diesem Bett sowohl im Pflegeheim als auch im häuslichen Bereich gepflegt zu werden. Dabei ist es als gelungen zu betrachten, wenn das Bett nicht Krankenhauscharakter signalisiert, sondern Wohnlichkeit und Geborgenheit.

Solche Betten beinhalten:

- Höhenverstellung des Bettes bis zu 60 cm,
- individuelle Einstellung der Rücken- und Beinteile unabhängig voneinander,
- höchste Standfestigkeit, aber trotzdem fahrbar durch Rollen,
- schnelle und einfache Reinigung,
- leichte und einfache Bedienung durch den Benutzer,
- Matratzenausgleich, der ein Verschieben und Stauchen des Benutzers verhindert,
- integrierte Seitengitter als Schutz vor dem Herausrollen,
- wartungsfreie Technik.

Neben allen gebotenen technischen Möglichkeiten ist aber eine Voraussetzung unbedingt wichtig: Das Bett muss so kostengünstig sein, dass auch finanziell schwächer gestellte ältere Menschen in der Lage sind, sich ein solches Bett zu kaufen.

Der Verband der Elektrotechnik, VDE, hat zu diesen Betten ein Informationheft „Das sichere Pflege-/Krankenbett“ herausgegeben.
Um das Bett herum wird noch eine ganze Reihe von Produkten gebraucht, die entweder noch gar nicht erhältlich bzw. kaum zugänglich sind:

- mobile Beistelltische mit verstellbaren Tablaren und in der Höhe an die Höhe des Bettes anpassbar,
- Pflegecontainer, der hygienisch und nicht so auffällig alles Pflegematerial und Gerät aufnimmt,
- Drehstativ für den Fernsehapparat, um das Programm auch im Bett seitlich liegend verfolgen zu können,
- bedienungsfreundlicher und gut ablesbarer Wecker,
- Leselampe, die sich verstellen lässt und die seitlich im erreichbaren Greifbereich montierbar ist,
- Beistellcontainer, anders als mit Schublade oben, offenem Fach in der Mitte und Drehtür unten, welcher der eingeschränkten Bewegung des älteren Menschen gerechter wird.

Hier ist die Palette des Angebotes groß:

- Matratzen für spezielle Anforderungen:
  - luftgefüllt,
  - wassergefüllt,
  - Systeme gegen das Wundliegen,
  - bakterien- und schimmelresistent
- gut ablesbare Wanduhr,
- gut ablesbarer Wandkalender,

Arbeiten

Bis auf die auf Seite 74 erwähnten speziellen Arbeitsstühle sind keine besonderen altengerechten Möbel für das Büro oder den Arbeitsplatz zu Hause auf dem Markt zu finden.

Sanitärhilfsmittel

Hier kann unter den drei folgenden Produktgruppen unterschieden werden. Diese Produkte aus allen Gruppen sind in verschiedenen Preisklassen und Gestaltungen vorhanden:

Produktgruppe 1

Fertige, elementierte, barrierefreie, altengerechte Bäder zum Einsatz im Wohnungs- oder Klinikneubau oder zur Nachrüstung im Altbau, sofern die baulichen Umstände dies zulassen.

Produktgruppe 2

Kompaktduschen mit Abwasserpumpe und Durchlauferhitzer für das freie Aufstellen im Raum bei der Anpassung von Wohnungen ohne Bäder.

Produktgruppe 3

Hilfsmittel, die in Bädern zusätzlich und wählbar je nach Behinderungsgrad eingesetzt werden können:

- Griffprogramme:
  Stützgriffe, Umsetzhilfen, Rundlaufgriffe,
- Dusch- und Badewannensitze,
  Duschstühle,
- Handbrausen,
- Pflegelifte mobil und
  fest installiert,
- Hebe- und Umsetzhilfen.

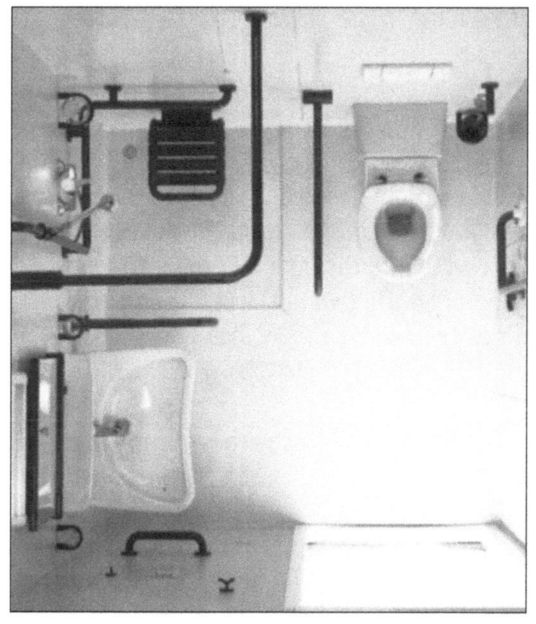

Barrierefreie Sanitärzelle (Firma Saniflex)

Beispiel Hewi

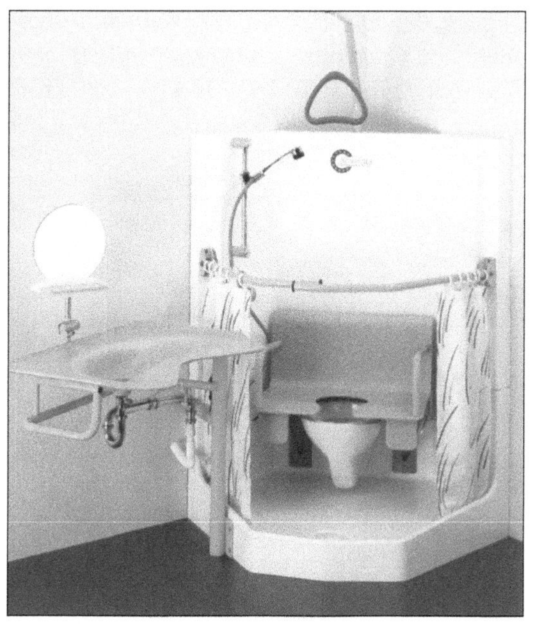

Beispiel Senvitas

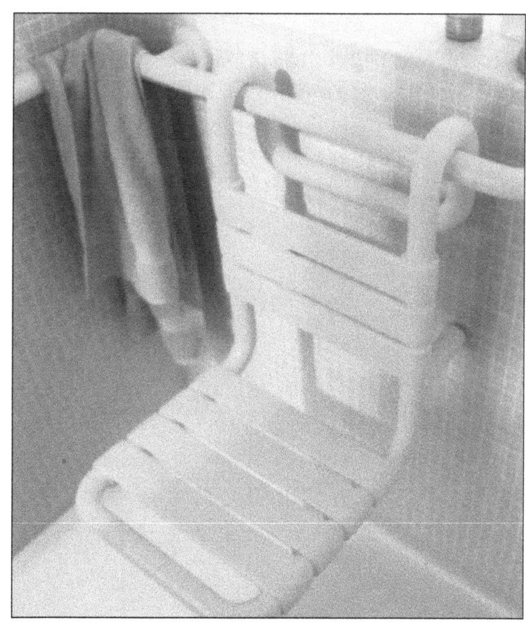

Beispiel Hewi

Geräte und Hilfsmittel

Inzwischen ist eine Vielzahl von Produkten entwickelt worden, die dem älteren und dem behinderten Menschen das Wohnen und den Umgang mit dem täglichen Leben erleichtern:

- Hilfen für Bad, WC und Bett,
- Hilfen bei der Körperpflege,
- Hilfen beim An- und Auskleiden,
- Hilfen bei der Hausarbeit,
- Hilfen beim Essen und Trinken,
- Gehhilfen,
- Hilfen bei Freizeit und Beruf,
- Standard-Rollstühle,
- Leichtgewicht-Rollstühle,
- Aktiv-Rollstühle,
- Elektronik-Rollstühle,
- Badewannenlifter.

Weiterhin gibt es:

- Treppenlifte,
- Behindertenaufzüge,
- Treppenfahrgeräte,
- Luftbefeuchtungsanlagen,
- „Essen auf Rädern“, – Transportbehälter.

Alle diese Angebote sind den handelsüblichen Katalogen zu entnehmen.

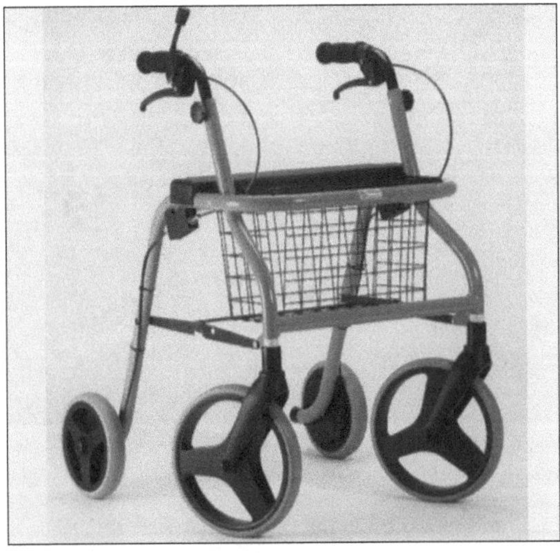

Beispiel Gehilfe Thomashilfen

Barrierefreie Hausgeräte

Ein ganz heikles Thema sind unsere Hausgeräte.

Wer hat nicht schon vor dem Herd einer erst kürzlich gekauften Küche gestanden und durch Hinunterbeugen zu dem senkrecht angebrachten Bedienungsfeld versucht, das Minisymbol zu erkennen, das das Einschalten der richtigen Herdplatte verspricht.

Oder ein anderes Beispiel.
Wie mühsam ist es, selbst in einem auf Augenhöhe angehobenen Kühlschrank zu erkennen, was da in einer Raumtiefe von 45 cm in sechs Fächern übereinander so alles an Lebensmitteln untergebracht ist. Richtig feststellen kann ich das nur, wenn ich die vorderen Sachen wegräume und das, was hinten steht, nach vorn hole. Um mir das zu ersparen, wäre es doch denkbar, Kühlschränke mit ausziehbaren Tablaren oder Körben zu haben.

Angesichts der demographischen und sozialen Bevölkerungsentwicklung sollten sich Senioren möglichst in ihrem eigenen Haus-

Liebherr Geschirrspüler

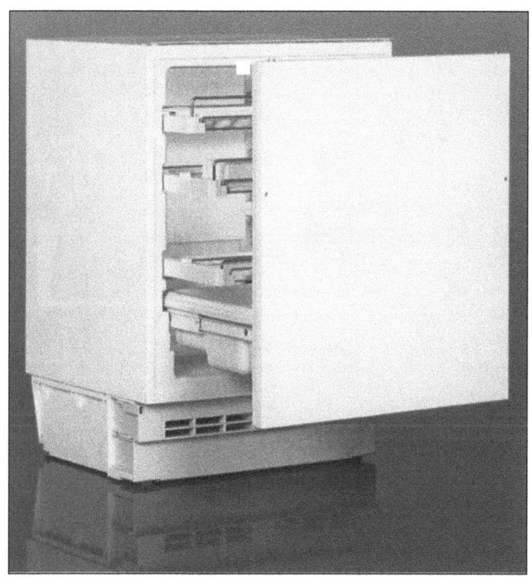

Kühlschrank mit Schüben (Liebherr)

halt selbstständig versorgen können. Der Technik im Haushalt, insbesondere bei den Hausgeräten, kommt hier große Bedeutung zu. Viele Geräte sind keineswegs benutzerfreundlich, was auch zu vermeidbaren Pannen und Unfällen schon bei jungen Menschen führt.

Ausgehend von Grundlagen der klassischen Ergonomie, zusammen mit neuen Ergebnissen aus wissenschaftlichen Untersuchungen der Haushaltstechnik, lassen sich in einer „generalisierten Ergonomie“ klare Forderungen für eine seniorengerechte Produktgestaltung formulieren. Da eine solche Gestaltung auch für andere Benutzer, z. B. Menschen mit leichten oder temporären Behinderungen, sowie für Kinder vorteilhaft sein kann, spricht man gern von „barrierefreier Gestaltung“ oder von „barrierefreier Gebrauchsgüte“. Gleichzeitig wird dabei der negativ besetzte Begriff „seniorengerecht“ vermieden.

Barrierefreie Gestaltung beginnt beim Hausgerät schon beim Gerätegestell bzw. Gerätekörper. Forderungen wie die Standfestigkeit, entgratete oder gerundete Kanten, schmutzabweisende bzw. leicht zu reinigende Oberflächen, robuste und korrosionsbeständige Werkstoffe, sind einleuchtend.

Besonders deutlich wird „barrierefrei“ bei den Bedienelementen wie Tasten, Knöpfen, Hebeln, Knebeln, Griffen und Pedalen. Unter Haushaltsbedingungen muss man auch mit nassen oder fettigen Fingern ein Gerät „zielsicher“ und leicht bedienen können.

(„Barrierefreie Hausgeräte-Extrakt“, Prof. Horst Pichert, Techn. Universität München, Fakultät Freising-Weihenstephan)

Um den Verbrauchern eine Möglichkeit zu geben, Hausgeräte auf ihre barrierefreie Gebrauchstauglichkeit zu prüfen, haben der Arbeitskreis Barrierefreie Hausgeräte, Fachausschuss Haushaltstechnik und die Deutsche Gesellschaft für Hauswirtschaft Checklisten zum Thema Barrierefreie Hausgeräte herausgegeben.

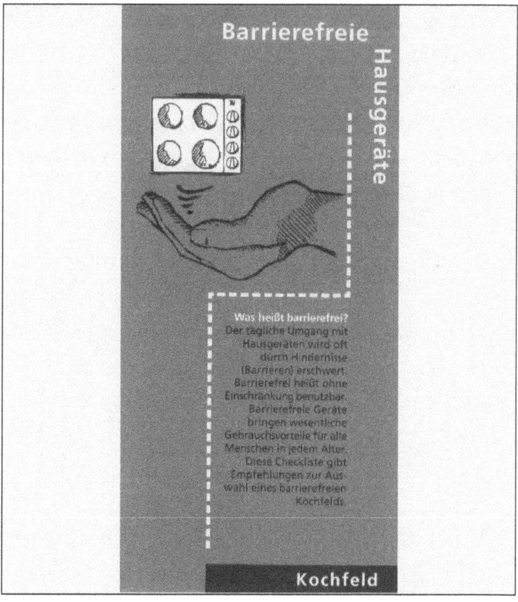

Checkliste Barrierefreie Hausgeräte (Herausgeber Arbeitskreis Barrierefreie Hausgeräte)

Kommunikationsmittel und elektronische Hilfen

Viele Möglichkeiten für ältere oder behinderte Menschen, mit der Umwelt in Kontakt zu bleiben oder bei Bedarf Hilfe zu rufen, bieten die Kommunikationsmittel.

Auch hier sind bereits einige bedarfsgerechte Produkte auf dem Markt:

- Telefonsysteme, ausgestattet mit großen und leicht lesbaren Bedienungsfeldern, mit Hörverstärkung und der Möglichkeit, das Läuten des Telefons durch Lichtsignale sichtbar zu machen.
- Telefonieren mit tragbaren Telefonen, deren Bedienungsfelder allerdings größer und damit für ältere Menschen besser zu bedienen sein sollten.
- Personen-Notrufsysteme, die es ermöglichen, schnell und gezielt nur durch Tastendruck Hilfe zu rufen, weil man einen kleinen Sender ständig bei sich trägt.
- Schwestern-Rufanlagen in Heimen.
- Fernsehen, gesteuert über die Fernbedienung, aber ohne dass der Bildschirm schwenkbar ist.
- Luftreinigungssysteme.
- Raumklimageräte, Automatikschalter, die von selbst beim Vorübergehen das Treppenlicht einschalten.
- Sprachsteuerung durch sprachliche Kommandos, mit denen man bewegungsbehindert alles im Raum schalten und steuern kann: Licht an und aus, Fenster schließen, Rollläden hoch, Fernseher, DVD- und CD-Player aus.
- Lichtfernbedienung, mit der man die Beleuchtung so komfortabel wie den Fernseher oder die Stereoanlage steuern kann.
- Wird das integrierte Telefon in Reichweite montiert, entfällt das Aufstehen und die damit verbundene Hektik und Unfallgefahr, wenn es an der Tür läutet.

Beispiel Busch-Jaeger, Automatikschalter für Innenräume

- Automatische Zeitschaltuhren, die elektrische Geräte nach einer bestimmten Zeit abschalten, falls dies vergessen wurde.
- Video-Überwachung am Hauseingang in Verbindung mit einer Türrufanlage über ein Systemtelefon an den wichtigsten Aufenthaltsplätzen in der Wohnung.

Zu all diesen Geräten gehört natürlich auch eine entsprechende Stromversorgung. Auch hier gibt es einfache Hilfsmittel, den Alltag und den Umgang mit Anschlüssen zu erleichtern. Der Einbau von Steckdosen mit einer Aussteckhilfe erleichtern das Herausziehen von Schuco-Steckern.

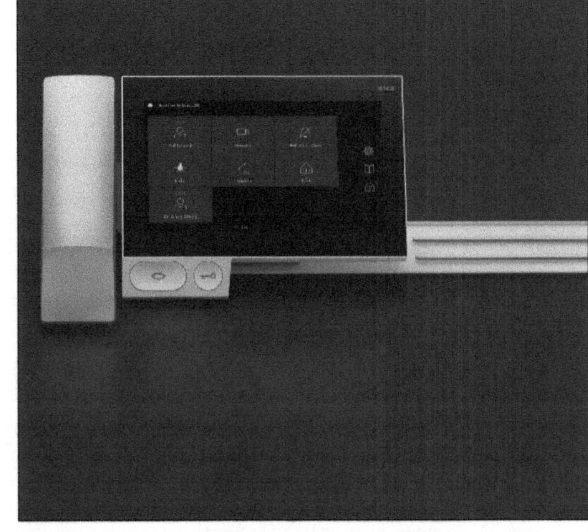

Siedle axiom Tischgerät mit Hörer 38952

Beispiel Busch-Servicesteckdose (Busch-Jaeger)

Sicherheit

Ein ganz wichtiger Faktor bei altengerechtem und barrierefreiem Wohnen ist die Sicherheit. Vorbeugen ist ein Punkt, über den auch der Architekt, der Einrichter oder der Handwerker Bescheid wissen muss.

Eine Initiative von zwölf Ersatzkassen hat dazu ein Arbeitspapier entwickelt, das hier auszugsweise wiedergegeben werden soll:

Scanvest Deutschland GmbH

- *Der Hauseingang sollte bei Einbruch der Dunkelheit automatisch beleuchtet sein.*
- *Die automatisch eingestellte Brenndauer sollte lang genug bemessen sein, um auch bewegungsbehinderte Personen sicher ins Haus zu leiten. Dies sollte auch für die Innenbereiche gelten.*

Beispiel Dorma Schließhilfe

- *Schattenfreies Ausleuchten der Treppen.*
- *Die Treppenstufen sollten auch bei Nässe rutschfest und trittsicher sein.*
- *Der Hauseingang soll schwellenfrei sein.*
- *Lichtschalter beleuchten.*
- *Die Treppen sollten einen durchgehenden und griffsicheren Handlauf haben.*
- *Teppiche und Fußbodenbeläge sollen frei von Stolperkanten sein.*
- *Die Wohnungstür sollte leicht und bequem zu öffnen sein.*
- *Kein Einengen der Bewegungsfreiheit durch herumstehende Möbelstücke.*
- *Sitzmöbel sollten beim Aufstehen genügend Halt bieten.*
- *Genügend Haltegriffe beim Einsteigen in die Badewanne.*

(Checkliste Sicheres Wohnen. Eine Initiative von zwölf Ersatzkassen)

Darüber hinaus gibt es noch eine Reihe bereits vorhandener Hilfsmittel, die Sicherheit im Haus gewährleisten. Dazu gehören zum Beispiel eine elektronische Herdüberwachung oder Rauchmelder. Für das leichte und bequeme Öffnen von Wohnungstüren sind Tür-Schließhilfen erhältlich, sowohl mechanisch als auch mit motorischem Antrieb.

Beispiel Rauchmelder

Informationen

Auf dem Gebiet der altengerechten und barrierefreien Einrichtung wird sich in der Folgezeit einiges ändern und neue, sinnvolle Produkte werden erhältlich sein. Es ist deshalb sicher gut, die Veröffentlichungen der gerontotechnischen Einrichtungen und Institute einzusehen und einschlägige Messen zu besuchen. Nützlich dürfte auch der Besuch eines oder mehrerer neuerer Alten- bzw. Pflegeheime sein für die Gewinnung weiterer Informationen über geeignete Ausstattungen und organisatorisch sinnvolle Abläufe – auch für den privaten Bereich.

Leitfaden und Checkliste für den Neubau

1. Grundüberlegungen

Die Überlegungen zur künftigen Verwendung eines Wohnhaus-Neubaus sind in der Vorphase häufig zweckorientiert. Die Begriffe altengerecht und barrierefrei für später werden bei der Planung oft nicht mit einbezogen. Auch Barrierefreiheit, Bequemlichkeit und Sicherheit für die jungen Eltern oder für die Kinder werden wenig beachtet.

In der Folge heißt es nur:
In dem Haus wird die junge Familie mit den Kindern leben. Eine Einliegerwohnung könnte durch Vermietung zur Finanzierung der Baukosten beitragen. Die Eltern verbleiben im eigenen Haus oder Hof oder werden in der neuen Einliegerwohnung leben, sofern das junge Paar diese „Störungen" akzeptiert, oder das neue Haus dient zunächst ausschließlich der Vermietung.
Sinnvoll wäre es, diese Vorüberlegungen zu erweitern und zu vervollständigen, ohne daraus ein Problem entstehen zu lassen:

1.1	*Wer wird zu welcher Zeit in diesem Haus wohnen:*

- die junge Familie selbst mit wie viel Kindern,
- später die Kinder, wohin gehen dann die Eltern,
- später die Eltern allein im ganzen Haus,
- später die Eltern, aber auf reduzierter Wohnfläche,
- wenn reduziert – wer bewohnt dann den übrigen Teil und wie kann ich eine sinnvolle Wohnungs- und Gartentrennung erreichen,
- ältere Mieter ohne Kinder,
- junge Mieter mit Kindern?

1.2	*Kann ich später das Haus in seiner Wohnfläche verändern und die Gesamtfläche in kleinere Wohnungen unterteilen ?*

- wenn ja, was für Wohnungen entstehen dann,
- barrierefreie,
- nicht barrierefreie,
- wie gestaltet sich das dann mit Schallproblemen,
- wie das mit den Sanitäreinheiten,
- wie mit der Zugänglichkeit der Wohnungen?

1.3	***Für welche Käufergruppe ist das Haus gedacht:***

- junge Käufer mit oder ohne Kinder,
- ältere Käufer, noch mobil,
- ältere Käufer mit altengerechten Forderungen?

1.4	***Liegt das Baugrundstück weit ab vom Schuss:***

- wie kann der Bewohner heute und später den Arzt, die Post, den Supermarkt und Verkehrsanbindungen erreichen,
- welche kulturellen und menschlichen Kontakte kann der Bewohner wie pflegen?

1.5	***Ist das Grundstück groß genug, um:***

- es später zu teilen, um dort ein weiteres Haus zu errichten,
- später eine Art „Austragshaus“ vielleicht in einfacher Fertigbauweise dort für die Eltern zu errichten,
- oder einen Anbau zu tätigen, den ich jetzt noch nicht finanzieren kann,
- einen geeigneten Spielbereich für die Kinder zu schaffen?

1.6	***Wie wird das Grundstück erschlossen, damit:***

- wenig Platz für die Zufahrt verloren geht,
- damit Steigungen und Gefälle nicht zum Hindernis werden,
- sich die Anbindung an die Verkehrswege sinnvoll gestaltet?

Dabei sollte man die Richtwerte für Größen von Wohnungen immer im Auge behalten:
- 40 m^2 für eine Person (eher zu klein),
- 60 m^2 für zwei Personen,
- 80 m^2 für drei Personen,
- Kinderzimmer sollten eine Mindestgröße von 12 m^2 haben.
- Ein Abstellraum in der Wohnung mit einer Größe von 1m^2 ist vorgeschrieben.

Auch die Funktionen der Räume gilt es zu überdenken:
- muss ein Schlafzimmer so groß sein, wenn darin nur nachts geschlafen wird oder will ich den Schlafbereich so gestalten, dass er während des Tages auch benutzt werden kann. Zum Beispiel als Raum für die Frau des Hauses, die dort ihren Schreibtisch stehen hat oder einen Easy-Chair zum Lesen und Ausruhen,
- kann man Räume tauschen. Zum Beispiel das große Schlafzimmer mit dem kleinen Kinderzimmer, wenn das Kind mehr Platz zum Spielen braucht?

Zu diesen Grundüberlegungen gehört natürlich auch die Bereitschaft der Beachtung von baubiologischen Grundsätzen:
Gifte in Materialien, schädliche Gase aus Klebern und Anstrichen, zu trockene Luft,

ungesunde Heizsysteme, unzureichende Schalldämmung sind nicht nur für Kinder ungesund, sondern auch für alle anderen Bewohner eines Hauses, also auch die Älteren.

Ein weiterer Gedanke sollte der Bauweise des zukünftigen Hauses gewidmet sein, da Veränderungen an der Bausubstanz bei den verschiedenen Materialien auch unterschiedlich schwer oder leicht sein können.
Die Frage, die ich beantworten muss ist also:
- baue ich aus Stein und Beton,
- baue ich aus Holz massiv,
- oder wähle ich eine Ständer-Bauweise?

Auch das Thema der Heizung ist eine Vorausüberlegung in Richtung Gesundheit und späterem Alter wert. Wähle ich eine statische Heizform, wie die
- Fußbodenheizung, die die Füße und Beine auch unerwünscht aufwärmen kann,
- oder eine übliche Konvektorenheizung, die den Staub in der Wohnung am stärksten zirkulieren lässt, was sich bei Allergien negativ auswirkt,
- oder die Wandheizung?

Eine dynamische Heizung in der Erweiterung einer zentralen oder dezentralen Wohnungslüftung steht ebenfalls zur Debatte. Hiermit kann ich der Raumluft sogar Feuchtigkeit zuführen. In vielen Häusern ist das oft dringend notwendig.
Deshalb wären alle diese Überlegungen sinnvoll vor einer Neubau-Planung oder vor dem Kauf einer Wohnung anzustellen.
Frühes Vorausdenken schadet nicht und spart viel Zeit, Geld und Nerven.

Die folgenden Checklisten ermöglichen es dem Bauherren und dem Planer, wesentliche Punkte der Vorausplanung systematisch und umfassend einzusehen und abzuhaken.

2. *Außerhalb des Hauses*

Welche Überlegungen können im Bereich um das Haus angestellt werden, wenn man die Begriffe „Altengerecht", „Barrierefrei" und „Sicherheit bei der Planung" beachten will?

2.1 *Wahl des Haus-Eingangs*

Ein wesentliches Kriterium für die Wahl des Hauseingangs ist die Überwindung von Steigungen oder Gefällen. Schon ein oder zwei Stufen ins Haus können zum Hindernis werden und sind nur unter relativ hohen Kosten später zu beseitigen.
Wenn genügend Platz vorhanden ist, so hilft eine 6 %-Rampe. Aber dabei sollte man nicht vergessen, dass eine Stufe mit 15 cm Höhe bereits eine Rampenlänge von 250 cm erfordert und dass die Rampe 120 cm breit sein müsste.

Also besser, durch die richtige Bestimmung des Eingangs und durch sinnvolle Festlegung der Höhenlage und Oberkante der EG-Decke im Gelände Stufen zu vermeiden und den Eingang schwellenfrei zu gestalten.
Eine lange Außentreppe führt zu den Eingängen und der Lageplan zeigt, dass es eine Überlegung wert gewesen wäre, den flacheren Zugang von Süden her zu planen – vorausgesetzt natürlich, die Genehmigungsbehörden hätten dies unterstützt.

Das Foto zeigt einen extremen Fall: einen für Behinderte ungeeigneten Hauseingang

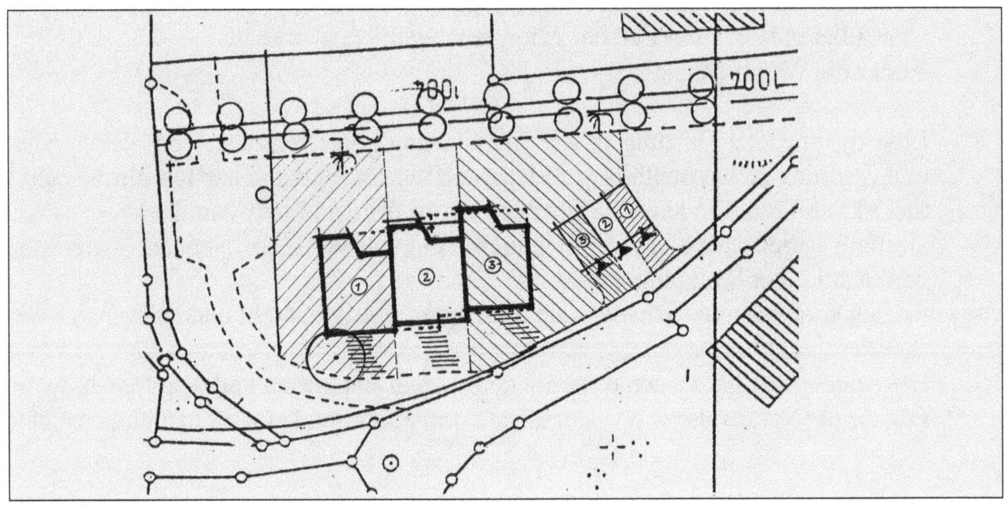

Lageplan zum Beispiel eines Hauseingangs

Wenn es eine andere Möglichkeit des Zuganges nicht gegeben hätte, so wäre dann zu überlegen gewesen, die Treppe wenigstens so breit zu gestalten und von der Straße her rückzuversetzen, dass ein Plattform- Aufzug später nachgerüstet werden könnte.

2.2 Anordnung des Lichtes im Eingangsbereich

Natürlich ist ein Eingangsbereich auch repräsentativ und die Visitenkarte eines Hauses. Dabei spielen die Lichtgestaltung und die Wahl der Beleuchtungskörper eine wesentliche Rolle.

Trotzdem sollte daran gedacht werden, die Beleuchtungskörper so zu montieren und das Licht auch so zu lenken, dass es nicht den Schatten eines vor der Haustür stehenden

Menschen auf Schlüsselloch, Türklinke und Klingel wirft. Wie oft schon hat man selbst vor einer Tür gestanden und war nicht in der Lage, das Namensschild zu lesen oder den Schlüssel in das Schlüsselloch zu manövrieren, ohne ein Feuerzeug aus der Tasche zu ziehen.

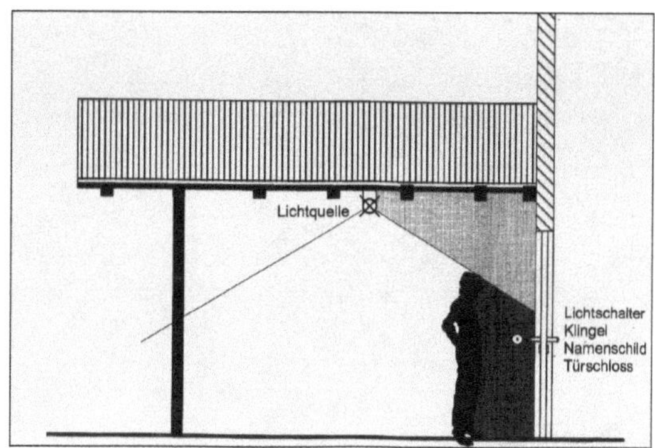

Beispiel der nachteiligen Ausleuchtung eines Hauseingangs. Schattenbildung auf den Bedienelementen

2.3 Überdachung des Eingangsbereiches

Sie schützt vor Schlagregen und erleichtert es, einen schwellenfreien Eingangsbereich zu schaffen.
Darüber hinaus erlaubt es eine Überdachung, um die Lichtquelle so positioniert anzubringen, dass das Licht auf die Funktionen der Tür gerichtet werden kann, wie das unter 2.2 beschrieben wurde.

2.4 Anbringung Hausnummernschild

Nicht nur der Paketzustelldienst hat tagsüber seine Schwierigkeiten bei der Suche nach dem richtigen Haus in der langen Straßenzeile. Hausnummern sind entweder gar nicht angebracht oder nur schwer erkennbares Kunstobjekt.
Wie schwer tut sich dann erst der Notarzt bei Nacht ohne Licht und bei strömendem Regen und in der Hektik des Notfalls?
Warum also das Nummernschild des Hauses nicht beleuchten oder wenigstens von der Straße her gut sichtbar anbringen?
Wer noch nicht bis ins Alter denkt: Auch ein Kind kann einen Notarzt benötigen.

2.5 Bewegungsfläche vor und hinter der Haustür

Eine lichte Durchgangsbreite einer Haustür von 90 cm ermöglicht allen den Zugang – auch einem späteren Rollstuhlfahrer oder älteren Menschen mit Gehhilfe.
Und wenn es möglich ist, sollte vor der Tür 120 x 120 cm und hinter der Haustür 150 x 150 cm Bewegungsfläche geschaffen werden.
Dies ist auch für eine Mutter mit dem Kinderwagen von Vorteil.

Schlechtes Beispiels für die Anbringung eines Briefkastens

2.6 Platz für einen nachrüstbaren, unterfahrbaren Briefkasten

So lange man sich ungehindert bewegen kann, kann der Ort für den Briefkasten und seine Anbringung relativ frei gewählt werden.
Nur der Postbote sollte sich nicht die Füße brechen und vielleicht mögen auch die Kinder gern die Post holen – dann allerdings muss man den Kasten niedriger montieren.
Sind die Möglichkeiten der Bewegung mal eingeschränkt oder man sitzt sogar im Rollstuhl, dann wäre gut daran getan, einen unterfahrbaren Briefkasten nachzurüsten.
Das aber geht nur, wenn man den Platz für den Kasten hat und die erforderliche Bewegungsfreiheit davor.

2.7 Leerrohre für das Nachrüsten einer Überwachungsanlage neben der Haustür

Nicht nur für das Sicherheitsbedürfnis bewegungseingeschränkter älterer Menschen ist eine Sichtüberwachung des Eingangs denkbar, sondern auch für den Schutz der Frau des Hauses, die mit den Kindern den gesamten Tag über oft allein im Haus ist.
Vorhandene Leerrohre machen das Nachrüsten einer Kamera möglich und kostengünstiger. Und diese Leerrohre sollten auch neben ein später mögliches Pflegebett in den Schlafbereich führen.
Denn wenn das Schlafzimmer zum Wohnzimmer wird, werden die Anschlüsse auch dort benötigt – auch vorübergehend, wenn man krank ist.
Hierher gehören auch die Überlegungen, ob ein Haustürblatt ein kleines Sichtfenster hat oder einen eingebauten Spion oder ob sich neben der Tür ein Glasfenster befindet, das die Bewohner erkennen lässt, wer draußen vor der Tür steht.

2.8 Sicherheit außerhalb des Hauses

Das Sicherheitsbedürfnis älterer Menschen erfordert in einigen Fällen das Nachrüsten von geeigneten Außenanlagen, wie Bewegungsmeldern, Licht rund ums Haus bei Nacht oder die bereits erwähnten Überwachungskameras.
Wie weit man hier gehen will, muss entschieden werden. Auf jeden Fall aber können die Vorinstallationen schon beim Neubau hergestellt werden.

2.9 Oberfläche des Vorplatzes – Ein heikles Kapitel

Hier geht es dem Hauseigentümer oft mehr um die Gestaltung und das Aussehen des Vorplatzes als um Funktion und es gibt viele Möglichkeiten. Nur sollte man bei der Auswahl daran denken, dass sich Hausbewohner und Besucher nicht die Beine brechen wegen Unebenheiten, Rillen und allzu unterschiedlichen Materialien.
Kinder wollen dort verkehrsgeschützt Roller oder Dreirad fahren, die Mutter mit dem Kinderwagen, der Großvater benutzt den Stock und generell bewegen sich die älteren Menschen dort unsicher und Unfall gefährdet bei zu viel Oberflächenstruktur.
Ab zwei cm Zwischenräumen kann ein Rollstuhl stecken bleiben.

Schlechtes Beispiel für einen mit Holpersteinen gepflasterten Vorplatz

2.10 Wege im Garten und Zugänge zum Haus

Wenn Zufahrtswege zum Haus angelegt werden, dann sollen sie breit genug sein. 120 cm ist das Mindestmaß. Sind sie betoniert oder gepflastert und gehen sie nahtlos in weichere Rasenflächen über, stellt sich die Frage, ob man nicht gleich radabweisende Kanten mit anbringt.
Wenn der direkte Weg vom Eingangstor zur Haustür wegen der starken Höhenunterschiede Treppenstufen erfordern würde, ist zu überlegen, ob durch eine Verlegung und Verlängerung des Weges diese Stufen verhindert werden könnten.

Im Garten sollte man im Zusammenhang mit dem Anlegen einer Terrasse darauf achten, schwellenfrei zu sein oder werden zu können. Auch mit Gehhilfe oder Rollstuhl freut man sich über die Blumen im Garten und würde gern zu ihnen hin gelangen, wenn nicht fest eingebaute Gartengestaltung dies verhindert.

2.11 Gartentor mit Leerrohren für die nachrüstbare Fernbedienung

Erst wird man kein Gartentor haben, weil die Finanzen nicht ausreichen. Irgendwann kommt dann aber das Schiebetor oder die aus zwei Drehtüren bestehende Sperre.
Wenn die Fundamente für die Aufhängung des Tores gefertigt werden und das Leerrohr für die Klingel und die Außenbeleuchtung verlegt werden, wäre es sinnvoll, ein dickes Leerrohr für Koaxkabel, Stromkabel für 220 V des Motorantriebs und die Steuerungsleitungen der Fernbedienung vorzusehen. Überwachungskamera, Gegensprechanlage und Fernbedienung können dann jederzeit nachgerüstet werden, ohne dass der Hof wieder aufgegraben werden muss.
Für Kinder sind Sicherheits-Verschlüsse vorzusehen. Wie schnell haben sie das Gartentor geöffnet und stehen auf der von Autos befahrenen Straße.

2.12 Licht vom Auto zum Hauseingang

In der Vorausplanung der Zuleitungen zum Garten- oder Eingangstor ist auch die Beleuchtung des Zugangs zum Haus mit vorzusehen. Auch hier lassen Leerrohr-Auslässe ein späteres Nachrüsten von Leuchten zu, die den Zugang und seine Oberflächen gut ausleuchten und damit Unfälle verhindern helfen.

2.13 Stellplatz für das Auto mit seitlicher Breite

Gleich, ob eine Garage mit dem Haus zusammen gebaut wird oder nicht – den breiteren Stellplatz sollte man im Auge behalten.
Steht das Auto nicht in einer Garage oder einem Carport, ist durch die Platzierung des Wagens leicht für den 150 cm breiten Platz neben der Tür zu sorgen.
In der Garage sieht das schon anders aus. Hier müßte man die 600 cm breite Fläche für zwei Autos noch um einiges verbreitern und das kostet beim Neubau oft unerwünscht mehr Geld und Baugrund-Fläche.
Solange niemand im Rollstuhl sitzt oder mit einer Gehhilfe bis zum Auto gelangen muss, benötigt man die Verbreiterung nicht. Abhilfe kann dann nur schaffen, wenn man das zweite Auto aus der Garage ins Freie verbannt. Dann steht genug Platz zum Ein- und Aussteigen zur Verfügung.

2.14 Zugang zu den Müllbehältern

Der freie und sichere Zugang zu den Müllbehältern, vor allem mit Mülltüten oder Mülleimern in der Hand, sollte gewährleistet sein.

Das betrifft die Oberflächen und die Ausleuchtung von Zugängen und die einfache Bedienung der Müllbehälter. Die Frage stellt sich, ob Mülltonnen in Waschbeton-Kästen untergebracht sein sollten, aus denen die Müllbehälter nach dem Öffnen einer Blechdrehtür erst herausgezogen werden müssen, bevor man den Deckel öffnen kann.

2.15 *Absenkung von Müllbehältern*

Im Interesse einer leichteren Bedienung der Deckel, zumindest bei größeren Müllbehältern, wäre eine Stufe zu Absenkung der Tonnen denkbar. Denn vor allem Älteren, Behinderten und Kindern kann so das Öffnen und Schließen der großen Mülltonnen sehr erleichtert werden. Andererseits wird es beschwerlich oder sogar unmöglich sein, die vollen Behälter an einer solchen Stufe – sofern diese nicht abgeschrägt ist – anheben zu müssen, um sie zur Entleerungsstelle zu bringen. Es wäre zu empfehlen, dies bei der Planung und Bauausführung entsprechend zu berücksichtigen.
Auf den vorderen Seiten wurd schon der Vorschlag gemacht, große Müllcontainer einer Wohnanlage abzusenken. Da gibt es sicher auch noch alternative Überlegungen. Die kleineren Mülltonnen in grau, gelb, braun und grün lassen sich in eine Vertiefung mit kleiner Rampe absenken.
Damit wird die Höhe für das Einwerfen des Mülls niedriger – aber die Tonnen müssen zur Entleerung aus der Mulde herausgezogen werden.
Es muss ein Kompromiss gefunden werden.

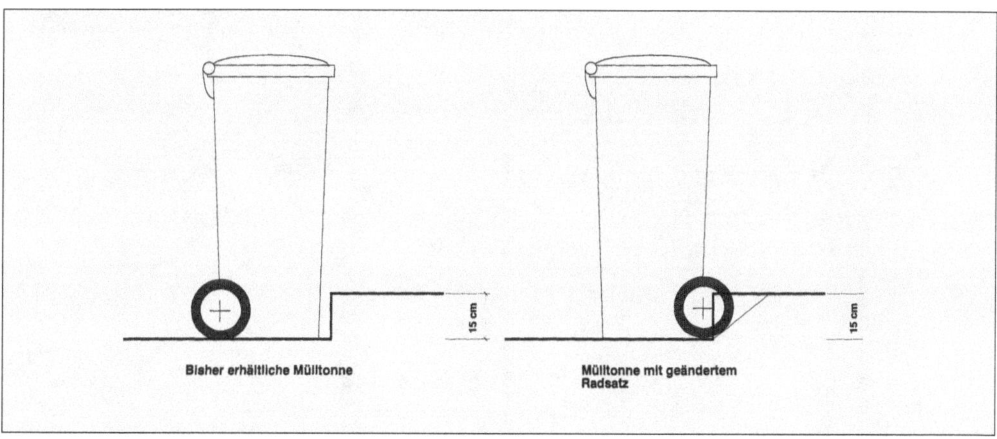

Zeichnung der möglichen Absenkung eines Müllbehälters

2.16 *Platz für Fahrräder, Roller, Rollstühle*

Eine spätere Unterbringung von Bewegungs-Hilfsmitteln für draußen, z. B. Rollstuhl oder Gehhilfe, sollte mit in die Vorüberlegungen einbezogen werden. Sind Einrichtungen und Überdachungen für die Unterbringung von Fahrrädern, Rollern und Kinderwagen schon vorgesehen, ist die spätere Umwandlung im Bedarfsfall auch möglich, wenn man jetzt ein wenig Platz lässt und nicht alles bis auf den letzten Millimeter verplant.

3. *Im Haus, in der Wohnung*

Im Haus selbst gibt es eine Menge von Details, die man beim Neubau schon beachten und in die Planung mit einbeziehen kann, um in der Richtung altengerecht und barrierefrei vorauszudenken. Dabei können bei Beachtung viele dieser Kriterien beim Neubau für nur wenig Geld mehr oder ganz ohne Mehrkosten hergestellt werden. Die Nachrüstung kann später bei Bedarf je nach den vorhandenen finanziellen Mitteln erfolgen.

3.1 *Mobile Trennwände, wo Statik nicht erforderlich ist*

Wohnungs-Trennwände lassen sich später viel leichter herausnehmen oder versetzen, wenn sie nicht gemauert oder betoniert, sondern als Trockenbauwände auf den Fertigfußboden hergestellt worden sind. Das können natürlich nur Nicht – tragende – Wände sein.

Es ist also zu überlegen, ob man leichte Trennwände in der Wohnung auf einen durchgehenden, fertigen Fußboden setzt, sie gut schalldämmt, um sie später bei Änderung eines Wohnungsgrundrisses wieder herausnehmen zu können.

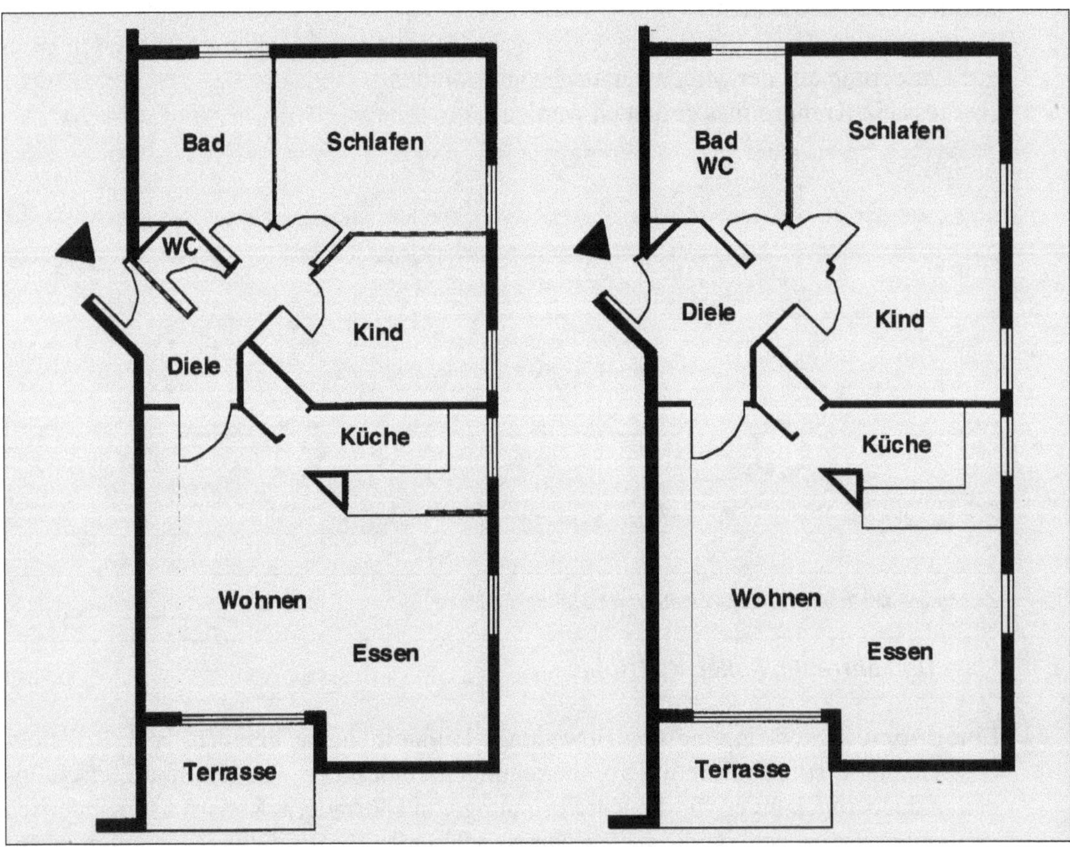

Leichte Trennwände *– später herausgenommen*

3.2 Installations-Versorgungs-Stränge möglichst nicht in leichte Trennwände planen

Installations-Versorgungsstränge in das höher gelegene nächste Geschoss sollten nicht in leichten Trennwänden verlaufen, weil man die am leichtesten verändern kann. Die Lage solcher Steigleitungen verhindern diese Veränderung oft.
Wo man die Leitungen dann platziert, gilt es mit dem Elektriker zu besprechen, da man vor der Festlegung vielleicht Möglichkeiten der Grundriss-Veränderung durchspielt und weitere Fehlplatzierungen ausschließen kann.

3.3 Starke Wände dort, wo Schweres daran gehängt werden könnte

Im Sanitärbereich, also im Bad, könnte es dazu kommen, später einmal einen Badewannenlift oder Haltegriffe an Wand und Decke befestigen zu müssen.
Das geht aber nur dann, wenn die Bauteile auch stark genug ausgeführt wurden.
Dies könnte im Treppenbereich auch das Nachrüsten eines Treppenliftes sein, der eventuell an der Wand befestigt werden muss.

3.4 Späteres Nachrüsten eines zweiten Handlaufes an der Treppe

Auch hierfür müsste die Wand aus einem geeigneten Material hergestellt sein.

3.5 Treppenbreite beachten wegen möglicher Nachrüstung eines Treppen-Liftes

Treppenbreite und Treppenführung spielen dafür ebenfalls eine Rolle. Es heißt zwar in den Werbeanzeigen immer, dass das schon bei einer Treppenbreite von 80 cm geht, aber das wäre Nachrüsten im Altbau.
Im Neubau kann man die Treppe gleich 100 – 120 cm breit gestalten und man kann sich im Grundriss sehr genau überlegen, ob die Treppe geradlinig oder gewendelt laufen soll.
Den Platz für die Parkstellung eines Liftes gilt es ebenfalls zu überlegen.
Dass ein Treppengeländer kindersicher sein muss, ist ohnehin klar.

3.6 Gestaltung der Treppe

Eine Treppe wird im Wohnhaus gewöhnlich nicht ausgetauscht. Selbst bei einer Renovierung würde sie vermutlich nur abgezogen, neu lackiert oder belegt werden.
Deshalb wäre es sinnvoll, die Forderungen für eine Barrierefreiheit oder eine Sehbehinderung in die Form, Farbe und Gestaltung einer Treppe schon beim Neubau mit einzubeziehen.
Natürlich ist das nicht so leicht mit den eigenen Vorstellungen von Material und Geschmack zu vereinbaren.
Trotzdem kann man die Forderungen durchgehen und entscheiden, wo man Kompromisse schließen kann:

- Will ich Bodenbeläge vor der Treppe in einer anderen, ertastbaren Struktur ausführen? Material und Farbe könnten gleich sein, wie das mit Fliesen möglich ist: die Oberflächen vor der Treppe gerillt und der Rest glatt.
- Will ich die Stufenvorderkanten im gleichen Material farblich kontrastreich ausbilden, ohne dabei Kantenprofile zu verwenden, die zum Stolpern führen können?
- Kann ich mich dazu entschließen, die Setzstufen nicht zu hinterschneiden?
- Könnten der oder die Handläufe mit ihrer Farbgebung einen Kontrast zum Stufenbelag und zur Wand bilden?
- Will ich den Handlauf zum Beginn und am Ende der Treppe noch 30 cm waagerecht fortführen?
- Ist das Geländer jetzt schon kindersicher?
- Sehe ich ertastbare (taktile) Hilfen am Handlauf jetzt schon vor?
- Habe ich die Treppenbeleuchtung so geplant und angeordnet, dass bei Inbetriebnahme nicht der Schatten meines eigenen Körpers auf die Treppe fällt, der dann die Kanten verwischt?
- Ein schlechtes Beispiel ist eine mit dem gleichen Fliesenmaterial geflieste und verfugte Kellertreppe. Da ist es schwer zu erkennen, wo die Trittstufe beginnt und wo sie aufhört.

3.7 Estrich in Sanitärräumen

Estrich- und Trittschallschutz im Sanitärbereich sollten wegen der möglichen späteren Demontage der Badewanne und Nachrüstung einer bodengleichen Duschtasse etwa zwölf Zentimeter nicht unterschreiten. Auch wenn bodengleich gefliest wird, sollte dies so sein. Dadurch kann ein später erforderliches fünf Zentimeter Abflussrohr über der Rohdecke verlegt werden.

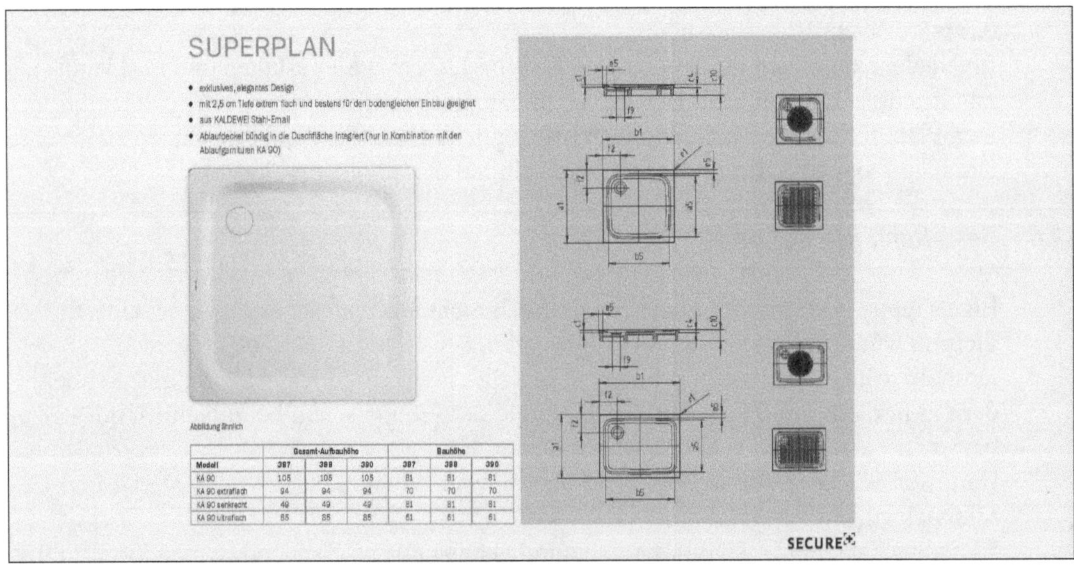

	Gesamt-Aufbauhöhe			Bauhöhe		
Modell	387	388	390	387	388	390
KA 90	105	105	105	81	81	81
KA 90 extraflach	94	94	94	70	70	70
KA 90 senkrecht	49	49	49	81	81	81
KA 90 ultraflach	85	85	85	61	61	61

Kaldewei Superplan, bodengleiche Duschwanne (für die komplette Abbildung mit Angaben siehe Seite 127)

- Rutschfeste Fliesen auf dem Boden im nassen Barfußbereich (R 9 bis R11) Bewertungsgruppe nach DIN 51097. Diese Werte sind in guten Fliesenkatalogen enthalten oder beim Fachhandel zu erfragen.
- Tragfestes Ausbilden der Raumwände.
- Planung des Bades so, dass es später leicht zum barrierefreien Bad umgerüstet werden kann: Wanne raus, bodengleiche Dusche rein unter Zuhilfenahme der üblichen Planungshilfen einer Sanitärfirma.
- Wahl von Vorwand-Montagesystemen (z.B. Sanbloc), die sich für die Nachrüstung und für die Höhenverstellung von Waschbecken und Toiletten eignen.

3.8 Schwellen an Zimmertüren

Es wäre zu überlegen, ob innerhalb einer Wohnung Schwellen überhaupt sein müssen.
Vorteile:
- auch für den späteren Fall der Verwendung einer Gehhilfe oder eines Rollstuhles.
- höhere Sicherheit, Stolpergefahr vermindert.
- erleichtert die spätere Veränderung von Grundrissen.
- bewegungsfreiheit für Kinder mit mobilem Spielzeug.
- leichtere Reinigung der Böden.

Nachteile:
- Schwierigkeit der Übergänge verschiedener Bodenmaterialien, z. B. Holz – Teppich.
- Zugluft.
- Geräuschübertragung.
- Geruchsübertragung.

Mithilfe von im Handel befindlichen Tür-Bodendichtungsprofilen lässt sich die Dämmung natürlich trotzdem erreichen. (Siehe Seite 52, 53)

3.9 Deckendurchbrüche für Aufzüge

Will man nicht über einen nachrüstbaren Treppenlift in das obere Stockwerk des Hauses gelangen, weil das mit Rollstuhl, Gehhilfe oder aus konstruktiven Gründen nicht geht, besteht die Möglichkeit, Vorkehrungen bei der Grundrissplanung und bei der Ausbildung der OG-Decke für einen Aufzug zu treffen. Diese sind inzwischen auf dem Markt vorhanden und werden in den kommenden Jahren sicher weiter entwickelt werden.
Es müsste demnach im Grundriss Platz eingeplant werden, über den man in einen später einzubauenden Aufzug im EG einfahren und im OG wieder herausfahren kann.
Die Bewehrung der Deckenplatte könnte beim Bau bereits so gelegt werden, dass ein späteres Herausschneiden eines Deckenausschnittes mithilfe des Diamantbohrers möglich ist, ohne dass die Statik dabei gefährdet wird.

3.10 *Brüstungshöhen von Fenstern und Balkonen*

Brüstungshöhen von Fenstern und Balkonen bedenken. Die Teilnahme am täglichen Leben draußen ist nur möglich, wenn ich auch aus der sitzenden Position nach draußen auf die Straße, den Vorplatz oder die Natur sehen und am täglichen Leben dort teilhaben kann.
Das bedeutet, dass ich mir auch überlegen muss, wie und ob überhaupt ein Heizkörper vor dem Fenster sein muss. Der Heizkörper könnte verhindern, dass ich nah an das Fenster herantreten oder fahren kann.
Wenn eine Bayerische Bauordnung zum Beispiel vorschreibt, dass im ersten Stock die Brüstungshöhe 90 cm hoch sein muss, dann addieren sich dazu noch die Fensterprofile und schnell bin ich bei 100 – 105 cm Höhe. Da ist der Blickwinkel nicht mehr sehr ergiebig.
Die gleichen Überlegungen sollte man auch für die Balkonbrüstungen anstellen.

3.11 *Planen von Bewegungsflächen und dem teilweisen Überlagern dieser Flächen*

Vor allem die in der DIN geforderten größeren Bewegungsflächen vor Türen, Betten und Schränken, in Toilette und Bad bedingen größere Wohnflächen und somit bei gleichbleibender Wohndichte mehr Bauland, also Mehrkosten für Baugrundstück und Gebäude.
Will man dies vermeiden, müssen geeignete Grundrisse gefunden oder neu entwickelt werden, in denen diese erforderlichen Mehrflächen ausgeglichen werden können.

3.12 *Keine Verschachtelung der Räume*

Wir neigen dazu, nach der Wohnungseingangstür Windfang, Diele, Abstellraum, Verteilergänge und weitere Räume voneinander durch Türen zu trennen.
Dies wäre nicht immer notwendig und behindert eigentlich die Bewegungsfreiheit aller Bewohner. Dies gilt für Kinder in der Wohnung genau so wie für ältere Menschen, die sich später vielleicht einmal mit einer Gehhilfe in der Wohnung bewegen müssen.
Warum also nicht darüber nachdenken, ob weniger Türen mehr sind, ob lange Gänge vermieden werden können und ob Mauerecken nicht durch Abrundungen oder 45 Grad Schrägen entschärft werden können.

3.13 *Entscheidung für höhere Räume*

Ältere Menschen bevorzugen höhere Räume. Das ist eine feststehende Tatsache. Da dies im Normalfall nur beim Neubau festgelegt werden kann, stellt sich deshalb die Frage, ob man mit der Mindesthöhe von 240 cm auskommt oder ob man eine andere Raumhöhe wählt.

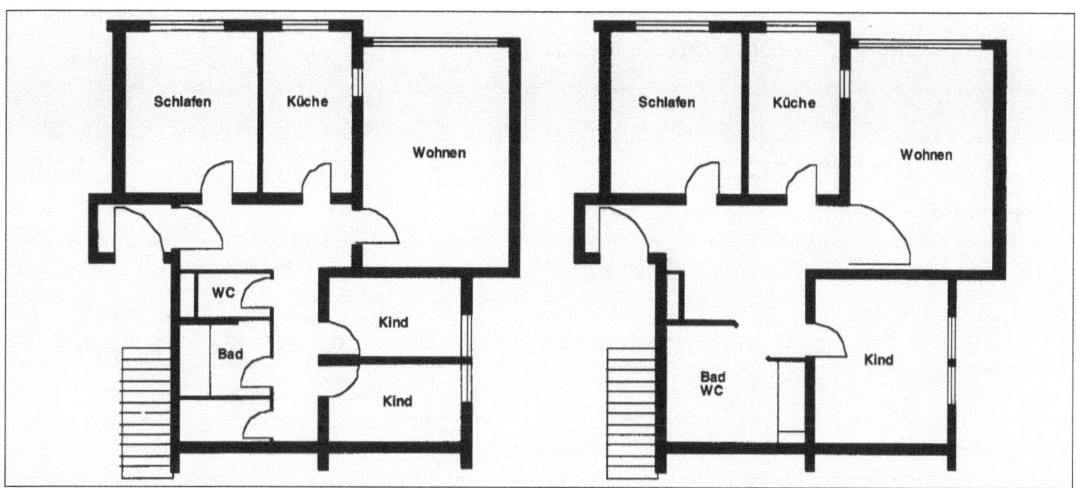

Schlechtes Grundriss-Beispiel zu 3.12 *Offenere Version zu 3.12*

Hier sind oft die Vorgaben der Bauordnung (Geschosshöhen und Gesamthöhe des Hauses) und die in diesem Fall höheren Baukosten ein Hinderungsgrund.

3.14 Ausreichend breite Türen in der Wohnung

Ausreichende Türbreiten sind ein wesentliches Kriterium für die Mobilität in der Wohnung. Ganz gleich, ob man ein Kinderbett mit in die Küche nehmen oder ob man sich mit Gehhilfe oder Rollstuhl bewegen will – die Tür muss genügend Durchgangsbreite haben. Wenngleich Untersuchungen ergeben haben, dass bereits eine lichte Breite von 80 cm genügen würde, sollte der in der DIN verlangten Mindestbreite von 90 cm entsprochen werden. Zumal sich die Mehrkosten in Grenzen halten (größeres Türblatt notwendig, aber weniger Baumaterial zu verarbeiten).

3.15 Abstand von Türklinken und Schaltern

Bei der Festlegung von Türöffnungen in einer Wandscheibe kann der Abstand der Bedienungseinrichtungen mit 50 cm von der Wand auch innerhalb der Wohnung oft erreicht werden, wenn diese Forderung rechtzeitig gestellt wird.
Die zeichnerische Erklärung finden Sie auf Seite 45.

3.16 Verwendung von Türzargen, die platznehmende Vormauerungen nicht erfordern

Eine geeignete Zarge erspart die Vormauerung in einem Gang und ermöglicht damit die Wahl einer größeren Durchgangsbreite.

3.17 *Festlegung von Türöffnungs-Richtungen*

Badezimmertüren sollten nach außen aufgehen, da bei Stürzen oder Ohnmachtsanfällen der im engen Bad befindlichen Person nicht geholfen werden kann, weil sich die Tür nicht öffnen lässt.

3.18 *Kellertreppe breit genug um Lift oder Plattform nachrüsten zu können*

Auch in den Keller möchte man später noch gelangen, um dort zu waschen oder im Hobbyraum zu arbeiten.

3.19 *Angliedern der Küche an andere Räume der Wohnung*

Hier wird die grundlegende Frage nach der Beschaffenheit des Küchenraumes gestellt:
- entweder abgeschlossene Küche
- oder offene und vielleicht durch eine Falt- oder Schiebewand bei Bedarf abtrennbare „Küche“ (ab Seite 56).

3.20 *Überlegungen darüber, welche Funktionen der Schlafraum in welcher Lebensphase haben soll:*

- Der Schlafraum wird zum Wohnraum, z. B. bei Tausch wegen Raumgrößen.
- Das Bett wird zum Dauer-Aufenthaltsort (z. B. bei Pflege).
- Die Partner wollen getrennt schlafen und haben in den Räumen auch ihre privaten Funktionen untergebracht.
- Funktionszusammenhang eines barrierefreien Schlafzimmers und Bades.

3.21 *Balkone und Terrassen so planen, dass sie schwellenfrei begangen und befahren werden können*

Dies heisst, den Übergang von der Wohnungsebene zum Balkon- oder der Terrassenebene ohne größere Schwelle zu planen und zu gestalten. Es bedeutet auch, die Terrasse in Format und Lage so festzulegen, dass ein barrierefreier Übergang zum Garten gestaltet werden kann.
Das kann allerdings zu Überschneidungen mit bisher angewendeten DIN-Normen kommen, die eine Mindestschwelle von 15 cm empfehlen. Die Entscheidung liegt beim privaten Bauherrn.

3.22 *Elektrische Installation in der richtigen Höhe*

Der Elektriker montiert die Schalter in einer Höhe von 105 cm und die Steckdosen in 30 cm über dem Boden.

Die DIN 18040-2 empfiehlt, die Schalter in einer Höhe von 85 cm anzuordnen. Auch Kinder wären für niedrigere Schalter dankbar. Es wäre sinnvoll, Konsequenzen daraus zu ziehen.

MFAT 10-20 PH mit geradem Wasserablauf, Alumat GmbH

3.23 *Einbringen von Leerrohren und Leitungen für spätere BUS-Systeme*

Bus-Systeme ermöglichen die Steuerung von Haus-Funktionen über einen zentralen Computer sogar über das Smartphone von außerhalb der Wohnung. Die dafür notwendigen Leitungen können mühelos und kostengünstig in Leerrohre eingezogen werden, wenn diese vorausschauend beim Neubau verlegt wurden.

3.24 *Anordnung von Lichtauslässen für die sinnvolle und sichere Ausleuchtung von Verkehrswegen*

Treppenstufenbeleuchtung – Anordnung ohne Schlagschatten des Menschen, der die Treppe hinunter geht.
Keine Blendungen durch Strahler.
Schatten und Kontrastbildung durch richtig gelegtes Licht.
Kennzeichnung von Podestschwellen.

3.25 *Leerrohre oder Auslässe für die Anbringung von Rauchmeldern*

Für die Sicherheit älterer Menschen kann es sinnvoll sein, Rauchmelder in Räumen zu installieren.

3.26 *Einstellung der Zeiten von Bewegungsschaltern lang genug planen*

Licht auf Treppen sollte so lange brennen, bis auch ein älterer, langsamerer Mensch die Treppe begehen und die Tür erreichen kann.

3.27 *Überlegung der Beleuchtung vor Wohnungstüren*

Auch hier sollte die Lichtquelle keinen Schatten auf das Schloss oder das Klingelschild werfen. Damit würde erreicht, dass die Schließeinrichtung leicht bedienbar bleibt, das Namensschild an der Klingel auch bei schlechtem Licht gelesen werden kann und das Licht das Gesicht des Besuchers beleuchtet, damit die Person vor der Tür durch den Türspion erkannt werden kann.

3.28 *Elektrische Zuleitungen oder Leerrohr vorsehen für die Nachrüstung eines Drehflügeltür-Antriebes*

Wohnungseingangstüren sollten sich gut öffnen lassen, aber bei Bedarf auch von allein schließen. Diese Forderung erfüllt ein später nachrüstbarer Drehflügelantrieb, für den komplikationslos ein Leerrohr mit vorgesehen werden kann.

3.29 *Vorsorge der später nachrüstbaren Elektrifizierung von Rollläden*

Rollläden werden mit einer Kurbel oder mit Gurten geschlossen oder geöffnet. Wenn später einmal die doch recht beachtliche Kraft dafür nicht mehr vorhanden ist, könnte der Elektromotor diese Aufgabe übernehmen.
Dafür könnte man schon beim Einbau der Rollladenkästen für Leerrohre sorgen, die die Nachrüstung erheblich erleichtern werden.

3.30 *Umdenken bei der Planung der elektrischen Installation – sprich Schalter und Steckdosen*

Überlegungen könnten sein:
- Höhen, Stand zu Zimmerecken.
- Bewegungsmelder.
- Nachrüsten von Rauchmeldern und Herdüberwachung.
- Tastschalter mit größeren Symbolen, Leuchtschaltern.
- Tonverstärkung oder Lichtsignal für Hausklingel und Telefon.

3.31 *Geeignete Kommunikationseinrichtung*

Damit ist das geeignete Telefon mit großen, gut lesbaren Tasten gemeint und vielleicht die Installation eines angeschlossenen Handapparates auf der Toilette und im Bad. Damit werden Unfälle vermieden durch hastiges Aufstehen oder Heraussteigen aus der Badewanne oder Verlassen der Dusche.

3.32 *In der Vorplanung an den möglichen späteren Austausch der Kücheneinrichtung denken und damit an die erforderliche sanitäre und elektrische Vorinstallation*

Wenn die Kücheninstallation – Wasser, Abwasser und Strom – flexibel und leicht veränderbar gestaltet wird, entsteht beim späteren Neukauf einer alternativen Küche kein Problem.
Flexible Leitungen lassen sich leicht anpassen.
Eventuell Anschlüsse für spätere Herdüberwachung.
Bewegungsmelder und moderne Sensorik jetzt schon vorsehen.

3.33 *Überlegungen zur Anschaffung einer alternativen Küche*

Eigentlich ist dies ein Punkt, der mit der Renovierung und Neuausstattung einer Küche zu tun hat. Trotzdem kann man bei der Grundrissplanung schon an die später vielleicht einmal notwendige Bewegungsfläche vor der Küchenzeile denken.

3.34	***Daran denken, ob man in der Küche auch mit Rollstuhl oder fahrbarem Arbeitsstuhl arbeiten kann.***

Wenn man hier Vorausplanungen machen möchte, sollte man an die Oberflächen-Beschaffenheit und die Qualität des Bodenbelages in der Küche denken. Nicht alle Beläge sind rollenfest.

3.35	***Die Küchenausstattung im Alter für eine oder zwei Personen ist reduziert***

Wenn die Familie nicht mehr so groß ist, ändern sich auch die Anforderungen in der Küche. Es wird nicht mehr so viel Küchenausstattung benötigt und damit reduziert sich auch der Stauraum.

3.36	***Sicherheitseinrichtungen vorplanen***

An Sicherheitseinrichtungen wie Sperrkette, Spione und neueste Schließsysteme denken. Videoüberwachung, Sprechanlagen, Einbruchschutz, Tür- und Fensterbeschlagstechnik.
Ein Hinweis: Die Landeskriminalämter und Polizeistationen bieten Broschüren und Videos an, die zeigen, wie sich der Bewohner eines Hauses gut schützen kann.

3.37	***Verwendung alternativer Fensterbeschläge***

Beschläge verwenden, die später auch aus sitzender Position bedient werden können.

3.38	***Türkanten sichern***

Offen stehende Türen sind eine Gefahrenquelle in der Wohnung. Vor allem für ältere Menschen mit Sehbehinderungen und für Kinder.
Deshalb sollte man sich überlegen, ob man Kanten vor allem von Ganzglas-Glastüren kennzeichnet.

3.39	***Kontrastreiche Türumrandungen***

Menschen, die in ihrer Sehleistung eingeschränkt sind, können sich in der Wohnung besser orientieren, wenn nicht alles weiß, sondern mit unterschiedlichen Farben gestrichen ist.
Ein Beispiel sind Türumrandungen, deren farbliche Absetzung von Wand und Türblatt es ermöglichen, den Durchgang zum anderen Zimmer leichter zu erkennen.

3.40	***Bettposition***

Stellen Sie Betten mit ihrer Kopfseite nicht an eine Außenwand, wenn es nicht unbedingt sein muss.

3.41 Einplanen des Bettes mit Begehfreiheit

Wie schwierig es schon in jungen Jahren ist, ein Bettlaken zu wechseln, wenn das Bett in der Zimmerecke steht. Noch schwerer wird das Unterfangen, wenn man nicht mehr so wendig ist.
Im Bereich des Pflegens wird es erforderlich sein, ein Bett dreiseitig freistehend einzuplanen.

3.42 Verfolgen der Marktneuerungen

- Mit den Jahren gehen.
- Staubsauger-Hausanlage.
- Wäscheentsorgung über Schächte wegen Transport.
- Heizungssysteme mit Befeuchtung – amerikanisch – herkömmlich.
- Sanitär-Vorwandinstallation wegen Verstellung der Sanitärelemente.
- Antistatische Lufterneuerung Bristol.
- Lichtlenkung und Lichtregulierung durch Jalousetten im Glas ist sinnvoll für den Allergiker.

Disan GmbH Systemdarstellung einer zentralen Haus-Staubsauganlage

3.43 Das Schlafzimmer wird zum Wohnzimmer

Im Krankheits- und Pflegefall kann es sein, dass das Schlafzimmer zum Wohnzimmer wird. Wenn man diese Eventualität einkalkuliert, wäre es denkbar, die Leitungen oder Leerrohre für Fernseher, Türöffner, Wechselsprechanlage, Telefon und Wohnungstür-Überwachung schon beim Neubau zu installieren. In der Planung müsste das Bett dann dreiseitig frei und die Auslässe der Installationen dort sein, wo das Bett steht.

3.44 Änderung der Funktionen von Zimmern

Die in der Wohnung Verbliebenen wollen aus verschiedenen Gründen nicht mehr im Schlafzimmer zusammen schlafen; er schnarcht, sie steht nachts mehrmals auf.
Man entschließt sich, die zur Verfügung stehenden Zimmer für jeden der Beiden umzuplanen. Dieses Anstellen von Überlegungen der alternativen Einrichtung, wo steht das Bett, wo ist der Arbeitsbereich und wo sind die Sachen untergebracht, kann schon bei der Neubauplanung vorgenommen werden.

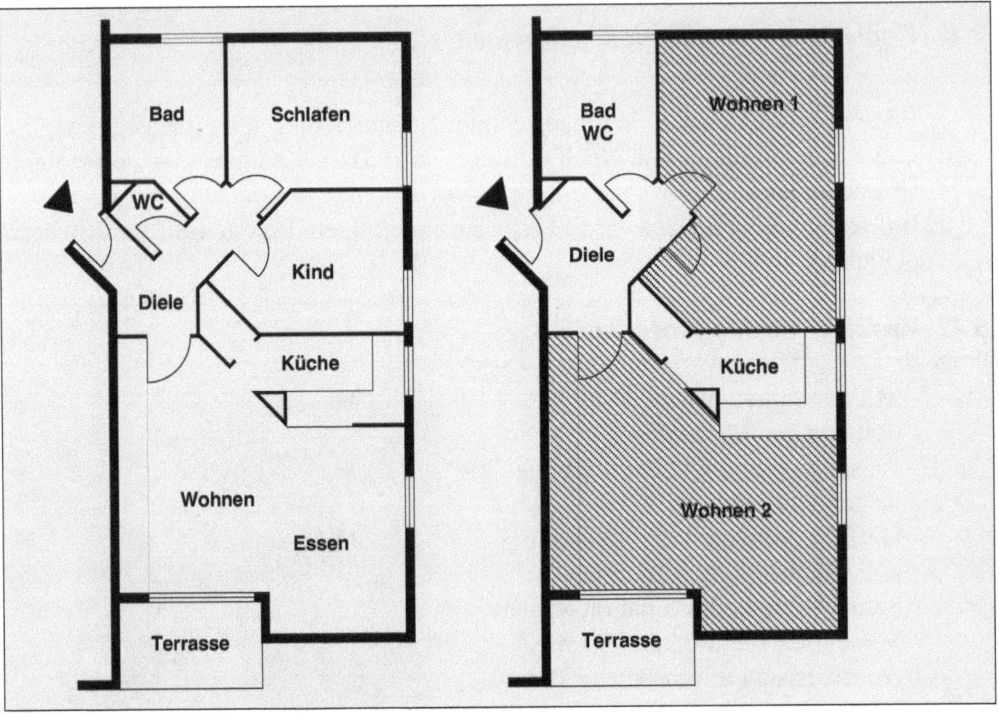

Grundrissbeispiel einer Funktionsänderung von Räumen

3.45 Türbeschläge einfädelsicher

Bei der Auswahl der Türbeschläge könnte man bereits beim Neubau einfädelsichere Türgriffe wählen.

3.46 Einbruch-Sicherung

Die Landeskriminalämter empfehlen seit Jahren sehr detailliert und in Form von Beratungsstellen, Broschüren und Filmen, wie ein Haus gegen Einbruch gesichert werden kann.
Sinnvoll wäre es, den Einbruchschutz für das später immer wichtiger werdende Sicherheitbedürfnis jetzt schon zu bedenken und beim Neubau geeignete, erhältliche Bauteile bereits einzusetzen.
Als Beispiel dafür wären die Fenster im Erdgeschoss zu nennen, deren Stöcke und Rahmen man in einer geeigneten Widerstandsklasse wählt und die man in das Mauerwerk fachgerecht einsetzen lässt.
Reichen die finanziellen Mittel zunächst nicht auch noch für die Gläser der Fenster, dann können diese ja zu einem späteren Zeitpunkt in die gewünschte Widerstandsklasse A bis D gewechselt werden.
Diese Kriterien gelten in ganz starkem Maß auch für Türstöcke und deren Türblätter.

Leitfaden und Checkliste für die Renovierung

Hinweis: Für die geplane Renovierung des Hauses oder der Wohnung werden ergänzend auch einige Punkte aus der vorangegangenen „Checkliste für den Neubau" (siehe ab Seite 83) aktuell und sehr nützlich sein.

1. Außerhalb des Hauses

1.1 Überlegungen für den Platz und die Montage eines Einmannaufzuges an der Fassade des Hauses

In vielen Fällen ist das Nachrüsten eines Aufzuges im Haus nicht möglich.
Es besteht aber die Möglichkeit zu prüfen, ob an der Fassade ein Aufzug über mehrere Stockwerke nachgerüstet und eine Zugänglichkeit der Flure erreicht werden kann.
Natürlich bedeutet das auch, dass die Zufahrt zum Aufzug im Umfeld des Hauses ermöglicht werden muss.

1.2 Kann im Zuge der Renovierung der Hauszu- und -eingang verlegt werden ?

Renovierung kann auch Änderungen im Zusammenspiel der Raumfunktionen bedeuten: Wohnungsverkleinerung, Abtrennen einer Mietwohnung oder Einliegerwohnung oder dergleichen.
War ein Hauszugang bisher nicht barrierefrei umzugestalten, so könnte dies nun geschehen, zum Beispiel über die schwellenfreie Terrasse.

1.3 Ändern des bisher vorhandenen und schlecht plazierten Eingangslichtes, eventuell im Zuge von Veränderungen am Eingang

Hier könnte sich die Chance bieten, das Hauseingangslicht, das bisher auf Schließeinrichtung, Namensschild und Klingelknopf Schatten geworfen hat, richtig anbringen zu lassen.

1.4 Hinzufügen einer bisher nicht vorhandenen Eingangsüberdachung

Im Zuge der Renovierung der Hausfassade oder der Änderung der Eingangssituation könnte eine neue Eingangsüberdachung hinzugefügt werden. Auch Energiespargründe könnten dies befürworten.
Ein Eingabeplan könnte je nach den Bauordungen der verschiedenen Länder erforderlich sein.

1.5 Ändern oder Erneuern des Hausnummernschildes, das bisher schlecht auszumachen oder gar nicht vorhanden war

1.6 Einsetzen einer breiteren, bisher zu schmalen Hauseingangstür und Wahl eines neuen Designs im Zuge von Sicherheitsüberlegungen

Das könnte bedeuten, dass die Eingangstür nun ein mittleres oder seitliches Sichtfenster erhält.

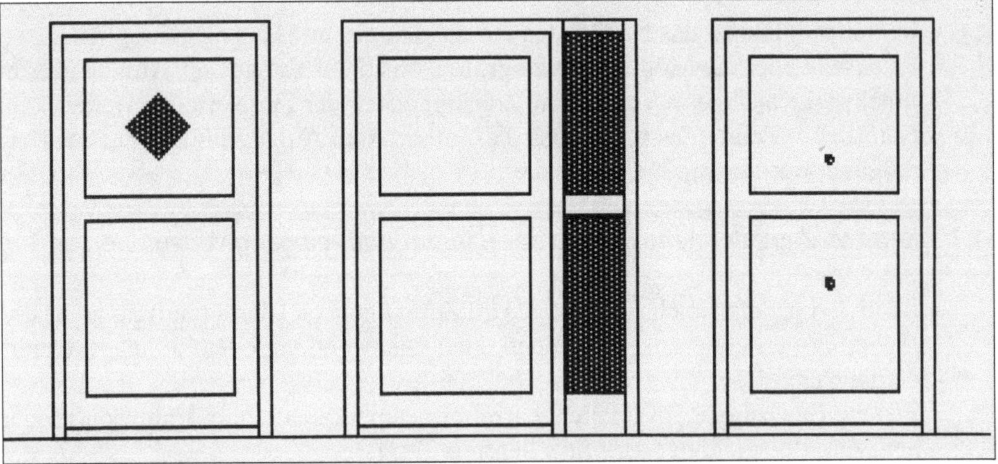

Varianten von Haustüren

1.7 Änderung der Briefkasten-Anlage

Bisher war der Briefkasten nur ein Schlitz in der Haustür, oder ein neben der Haustür in der Hauswand flächenbündig eingeputzter Kasten, der zwar zugängig sein musste, aber nicht behinderungsfrei genutzt werden konnte.
Im Zuge der Renovierung ist die Möglichkeit gegeben, einen barrierefreien neuen Zugang zum Briefkasten zu schaffen und möglicherweise ein Produkt zu wählen, das es

ermöglicht, die Höhe des Briefeinwurfes und Schlosses bei Bedarf zu ändern oder den Kasten sogar unterfahren zu können. Alle diese Möglichkleiten müssen nicht sofort gekauft und installiert, aber am gekauften, modulen System bei späterem Bedarf nachgerüstet werden können.

1.8	*Nachrüstung einer Eingangstor-Überwachungsanlage Sichtkontrolle – Sprechen – Türöffner*

Um dem Sicherheitsbedürfnis gerecht zu werden, wäre es denkbar, eine Überwachungsanlage am Eingangstor zum Grundstück oder, wenn das nicht vorhanden ist, direkt an der Haustür einzubauen.
Zu überlegen ist dann auch, ob die Überwachung an der Haustür, im Wohnzimmer oder im Schlafzimmer endet. Selbst wenn man heute noch nicht weiß, ob man das später braucht – Leerrohre bis in das Schlafzimmer, das zum Wohnzimmer werden kann, sind sicher nicht teuer, aber sinnvoll.

1.9	*Nachrüsten eines motorischen Antriebs und einer elektronischen Fernbedienung beim Eingangstor*

1.10	*Oberfläche der Einfahrt oder des Hofes*

Sollte die Erneuerung oder Umgestaltung der Hofeinfahrt geplant sein, so sollte zumindest daran gedacht werden, dass stark strukturierte, unebene Stein- oder Betonoberflächen Unfallgefahren in sich bergen und man sich außerdem weder mit Kinderwagen, Buggy, Roller, Gehhilfe und Rollstuhl gut darauf bewegen kann.

1.11	*Nachrüsten von Außenlicht an bisher zu dunklen Stellen*

1.12	*Ermöglichen alternativer Nutzung der Garage*

Solange zwei Autos in der Garage zur Verfügung stehen müssen, lässt sich die Funktion der Garage kaum verändern.
Die Renovierung ermöglicht ein neues, elektrisch zu öffnendes Tor und die Ergänzung von Licht in der bisher nur dämmerig beleuchteten Garage.
Ein Ein- und Aussteigen bei Nutzung einer Gehhilfe oder eines Rollstuhles in der Garage mit üblicher Breite aber wird nur beschwerlich oder gar nicht möglich sein.
Einzige Abhilfe wäre das Parken eines Fahrzeuges außerhalb der Garage im Hof, eventuell am Straßenrand oder auf einer speziell angelegten Parkfläche auf dem Grundstück.

1.13	**Überlegungen, wo ein Rollstuhl, eine Gehhilfe oder ein Kinderwagen trocken untergebracht werden könnte.**

Hier ermöglicht die Renovierung das Anschiften der Dachfläche einer Garage zum Beispiel oder das Überdachen eines eventuell vorhandenen Zwischenraumes zwischen Haupthaus und Garage.

1.14	**Überlegungen zu einer geänderten, besseren Plazierung der Müllbehälter**

Wenn man davon ausgeht, dass zu trennender Müll in jedem Fall das Transportieren, Hochheben und Einwerfen von Gewicht in einen Müllbehälter bedeutet, dann ist zu überlegen, ob man die bisherige Anordnung von Müllbehältern im Zuge der Neugestaltung des Eingangsbereiches überdenkt wie z. B.:
- Entfernung vom Haus,
- Einwurfhöhe niedriger, eventuell auch für Kinder,
- leichte Einhandbedienung,
- Sichtschutz,
- Bewegen der Behälter bei Leerung.

2. Im Haus, in der Wohnung

2.1	**Herausnehmen nicht erforderlicher Trennwände innerhalb der Wohnung oder des Hauses**

2.2	**Nachrüsten einer ursprünglich zu dünnen Wand, die jetzt stark genug ist, um Haltegriffe und andere Armaturen haltbar zu befestigen**

2.3	**Renovierung einer Treppe**

- Nachrüsten eines zweiten Handlaufes.
- Ausgleichen von Stufen-Höhendifferenzen.
- Ausgetretene Stufen aufdoppeln und mit rutschsicherem Belag versehen.

2.4	**Erneuerung einer Treppe**

- Verbreiterung, wenn möglich.
- Kontrast-Herstellung durch neue Farbe und neues Material.

2.5 Veränderung von Fußboden-Höhen innerhalb einer Wohneinheit

Bodenhöhen sind in alten Wohnungen meist von Raum zu Raum unterschiedlich. Das bedeutet Schwellen, Material-Übergangs-Schutzkanten.

2.6 Veränderung von Fußboden-Oberflächen in Wohneinheiten

- Rutschsicherheit
- Übergänge

2.7 Einplanen einer Fläche im EG und OG für einen möglichen späteren Einmann-Aufzug

2.8 Veränderung von Fenster-Brüstungshöhen bei der Erneuerung von Fenstern

2.9 Veränderung von Wohnungsgrundrissen zur Schaffung von Bewegungsflächen und Öffnung von Grundrissen

- Überlagerung von Bewegungsflächen.
- Verschachtelung von Räumen, Fluren und Vorplätzen.
- Entschärfen von Kanten und Ecken.

2.10 Bei Austausch von Türen ist die Änderung von Durchgangsbreiten möglich

- Durchgangsbreiten.
- Öffnungsrichtungen.
- Schaffen der 50 cm breiten Bedienungstiefe.
- Verwendung von platzsparenden Zargen.
- Verwendung von platzsparenden Falttüren.
- Austausch gegen Schiebetüren.

2.11 Renovierung eines Sanitärraumes

- Klären, welche Badform gewünscht wird.
- Duschen in der Badewanne.
- Dusche und Wanne extra.
- Bodengleiche Dusche, keine Wanne,
  dabei sollte nicht vergessen werden, dass nicht das Reinkommen in die Wanne Schwierigkeiten macht, sondern das Rauskommen.
- Jetzt kann man auch glatte Fliesen gegen rutschsichere Fliesen austauschen.

(Diese R-Angaben finden Sie in jedem guten Fliesenkatalog oder beim Fliesenleger)
- Ergänzen von Wandverstärkungen für die eventuell später einmal notwendige Installation von sanitären Hilfsmitteln.
- Durch Änderung des Grundrisses lässt sich Platz gewinnen, um Vorwandsysteme einzusetzen, deren Tragsysteme es zulassen, später Waschbecken und Toiletten in der Höhe zu verstellen.
- Schaffen geeigneter Bewegungsflächen vor Waschbecken, Dusche und Toilette.

2.12 Renovierung einer Küche

Eigentlich ist dies ein Punkt, der eher auf eine Neuausstattung einer Küche hinausgeht. Dann sind Überlegungen erforderlich zu diesen Fragen:
- Kann nun nicht die Größe geändert werden, wenn die Kinder aus dem Haus sind?
- Ist meine Küche zu klein oder zu groß?
- Wer von der Familie ist geblieben?
- Werde ich dem Hobby Kochen zukünftig mehr Zeit einräumen?
- Barrierefreiheit des Grundrisses?
- Barrierefreiheit von Geräten, einschließlich der Sicherheiten?
- Frage: Wird das die „letzte“ Küche sein?
- Sollte diese Küche zukünftig nicht variabel und an den gesundheitlichen Zustand anpassbar sein?
- Wer kocht? Einer, beide?
- Welche Tätigkeiten kann ich auch im Sitzen erledigen?
- Was werde ich auf Grund der Reduzierung der Küchengröße an Geräten und Vorräten nicht brauchen?
- Schließe ich meine Küche auf Grund von Bewegungsfreiheit an einen anderen Raum an?
- Habe ich Probleme mit Essensgerüchen?
- Will ich die Küche trotz der Angliederung optisch trennen können, vielleicht durch eine Faltwand oder Jalousette?

2.13 Renovierung eines Schlafraumes

- Soll er bleiben wie er ist?
- Könnte ich eventuell auf mich zukommende Funktionsänderungen jetzt schon in meine Überlegungen einbeziehen?
- Werde ich den Raum, den ich bisher mit meinem Lebenspartner teile, möglicherweise allein benutzen:
- weil ich nachts nicht gut schlafen kann und oft wach bin und aufstehe,
- weil ich durch mein Schnarchen den Partner empfindlich störe,
- weil ich Pflege benötige,

- weil wir jeder einen persönlichen Raum zur Verfügung haben wollen, in dem jeder das tun und an die Wand hängen kann, was ihm gefällt. Zum Beispiel laut Musik hören oder seinen Hobbys ungestört nachgehen.
- Wird das Schlafzimmer zum „Wohnzimmer“ weil ich Pflegefall werden könnte und dann technische und sanitäre Funktionen in meiner Nähe benötige?

Das bedeutet unter Umständen:
- Vorsehen von technischen Einrichtungen, die es mir ermöglichen, meine Umgebung vom Bett aus zu steuern und im Griff zu haben.
- Türöffner,
- Eingangsüberwachung,
- Telefon,
- Infrarotsteuerung für Fernseher, Rollos, Jalousetten Fenster-Lüftung,
- Nutzungs-Erleichterung für den sich anschließenden Sanitärraum,
- Absenken von Fensterbrüstungen, die es mir ermöglichen, im Bett liegend nach draußen zu schauen und an der Umwelt teilzunehmen.

2.14 Erneuern von Bauteilen in Zusammenhang mit Einbruchssicherung und Sicherheitsbedürfnis

Kleiner Leitfaden für Behinderungen

Für einen Teil aus der Gruppe der älteren Menschen gelten über die schon besprochenen Kriterien der Barrierefreiheit und des altengerechten Bauens hinaus noch weitere Details, die bedacht sein sollten. Es ist derjenige Teil der Menschen, die im Alter an besonderen Krankheiten oder Behinderungen leiden.
Bei der Neubauplanung oder bei der Renovierung von Wohnungen kann vorausschauend auf diese Besonderheiten eingegangen werden, wobei die Verwendung von besonderen Materialien und die spezielle Gestaltung von Bauteilen durchaus auch schon für jüngere Bewohner sinnvoll sein kann, zum Beispiel im Bereich der Allergien.

Auf die Punkte des speziellen Bauens nach den Gesichtspunkten der Baubiologie soll in diesem Kapitel nicht eingegangen werden. Dazu gibt es genügend andere Literatur.

Viel ist bei der direkten Nachfrage bei einigen Dachverbänden nicht zu ermitteln gewesen, sodass sicher in den kommenden Jahren noch Entwicklungs- und Forschungsbedarf besteht. Hier sollen die Kriterien genannt werden, die bekannt sind.

Sehbehinderungen

Die Sehbehinderung heißt nicht immer gleich Blindheit, aber es existieren schwächere und stärkere Einschränkungen, die die Änderung in einer Wohnung im Gegensatz zum Herkömmlichen erforderlich machen könnten.
Dazu einige Beispiele:

- Generelle Verwendung von kontrastreichen Farben und Materialien.
- Kontrastreiche Türumrandungen zum Erkennen der Tür in einer gleichfarbigen Wand und damit farbliches Kennzeichnen einer Türöffnung.
- Glastürkanten, Türkanten und Möbeltürkanten farblich kennzeichnen.
- Treppen farblich von der übrigen Umgebung absetzen oder, wie schon beschrieben, Treppenvorderkanten farblich kennzeichnen.
- Bereiche vor dem Beginn von Treppen ertastbar durch strukturierte Böden kennzeichnen.
- Treppengeländer mit taktilen Hilfen ausstatten.
- Podeste und Stufen kennzeichnen. Vielleicht mithilfe von Licht.
- Küchenplatten oder zumindest deren Kanten kontrastreich von der Bodengestaltung absetzen, damit das Ende und der Anfang einer Arbeitsfläche auszumachen ist.
- Farbliches Absetzen von Türklinken, Fensterbeschlägen, Schaltern und anderen Bedienknöpfen, z. B. denen des Herdes.
  Hier werden im Bereich der Elektrobranche Schalter, Taster und Steckdosen angeboten, die geeignet sind.
- Helles Licht unter Küchenunterschränke und die automatische Schaltung der Lichtquellen durch Sensorik.

- Innenbeleuchtung für tiefe Eckschränke.
- Farbliche oder ertastbare Leitlinien für Blinde und Sehbehinderte in öffentlichen Gebäuden.
- Schon für den Menschen ohne Sehbehinderung die empfohlenen Seh-Abstände zu Geräten wie Fernseher oder Computerbildschirm einhalten.

Weiterhin gibt es Hilfen im täglichen Leben, wie zum Beispiel ein sprechendes Farberkennungsgerät oder einen sprechenden Bewegungsmelder, mit dem gefährliche Stellen in der Wohnung markiert werden können.

Über den Deutschen Blindenverband e.V. ist ein Handbuch zu erhalten, das über die blinden- und sehbehindertengerechte Umwelt- und Verkehrsraumgestaltung Auskunft gibt.

Allergien

Es gibt sehr viele verschiedene Auslöser für Allergien und nicht alle Variationen können hier bedacht werden. Die folgenden Maßnahmen gelten vor allem für die Hausstaub-, die Schimmelpilz- und die Pollenallergie.

- Wahl der Heizung und Klimatisierung der Wohnung. Eine Fußbodenheizung hat einen positiven Effekt gegen die Vermehrung von Milben.
- Keine künstliche Luftbefeuchtung mit Geräten, die zerstäuben oder verdunsten, sondern mit Geräten, die verdampfen.
- Gestaltung der Fußböden mit glatten, geschlossenen Oberflächen.
- Nachisolierung von zu dünnen Wänden oder Kältebrücken, die Schimmelpilze bilden.
- Die Ausbreitung von Schimmelpilzen wird durch eine gute Lüftung vermieden.
- Zimmerpflanzen geben Nahrung und Feuchtigkeit für Schimmelpilze.
- Schlafzimmer sollten wegen des Transportes von Pollen und Staub möglichst zur Wind abgewandten Seite des Hauses liegen.
- Die Verwendung von strahlenden oder gasenden Materialien ist zu vermeiden. Hier wird man viele Hinweise in den Büchern der Baubiologie finden.
- Für den Allergiker ist die Waschbarkeit von textilen Materialien und die gute Reinigungsmöglichkeit von anderen Materialien sehr wichtig. Das bedeutet zum Beispiel die Abnehmbarkeit und Wahl von Polsterbezügen. In Leder-Sitzgarnituren befindet sich in der Regel kein Milbenbefall.
- Kurzfloriger Teppich erhöht den Staub-Saugerfolg.
- Schlafzimmer nicht für andere Aktivitäten benutzen, z. B. als Hobbyraum.
- Alte Matratzen durch neue synthetische ersetzen.
- Offene Bücherregale sind Staubfänger.
- Staubsauger mit Mikrofiltern verwenden.
- Fußböden aus Holz und Linoleum eignen sich gut als Bodenbeläge, da der Staub gut durch feuchtes Wischen aufgenommen werden kann.
- Besonders beliebt bei Milben sind die Schlafstätten von Haustieren.
- Einer der wichtigsten Luftschadstoffe in Räumen ist Tabakrauch.
- Vermeiden von Formaldehyd und Isocyanaten. (Schadstoffe in der Wohnraumluft, Verbraucherzentrale, 1996)
- Vermeidung von Produkten mit Nickel-Anteilen.

Rheuma

- Bei Raumtemperaturen von 20 bis 22 °Celsius liegen die üblichen Feuchtigkeitswerte um 30 %. Dies ist zu wenig. 45 bis 50 % relative Luftfeuchte ist richtig. Für die Messung dieser Werte gibt es heute gute Geräte.
- Bei den Geräten für die Befeuchtung der

Luft muß unterschieden werden zwischen Geräten, die Wasser verdampfen oder kalt verdunsten.
- Dauernder Luftzug muss unbedingt vermieden werden.
- Guter Sitz- und Liegekomfort
  - Eine gute Wärmehaltung muss dort vorherrschen, wo der Mensch ein Drittel seiner Lebenszeit liegend verbringt – auf der Matratze.
  - Für hartes Liegen eigenen sich Matratzen-Materialien wie Roßhaar, Polyäther und harter Federkern.
  - Polyarthritis-Patienten wählen oft weiche Federkern-Matratzen.
  - Damit der Körper nicht feucht liegt, muss die Transpiration von der Unterlage abgefangen werden.
  - Rheumamatratzen als Heilmittel gibt es nicht. (Ratgeber Gesundheit, Stiftung Warentest, 1992)
  - Wechseln der Liegepositionen.
  - Häufig wechselnde Arbeitshaltungen, z. B. stehend, kniend oder sitzend. Das bedeutet von der Einrichtung her einen Stuhl, einen Ball, einen Kniehocker, eine Stehhilfe oder ein Stehpult.
  - Geräte und Hilfsmittel wie zum Beispiel der Rheuma-Kugelschreiber, Gehhilfen mit speziell ausgeformten Griffen, Leseständer, Spielkarten-Ständer.
  - Große Griffe bedeutet starker Halt.
  - Nutzen von Hebelwirkungen, das heißt, herabsetzen von Kraftaufwendungen.

Ansprechpartner hier ist die Deutsche Rheuma-Liga Bundesverband e.V.

Hörschädigung

Hier gilt es:
- Telefonsignale oder andere akustische Zeichen verstärkbar, regelbar zu wählen.
- Akustische Signale in sichtbare (Licht) oder in fühlbare Signale (Vibration) umzuwandeln. Produkte dazu sind bereits erhältlich.
- Geräte des täglichen Bedarfs wählen, die Gehörlosen-Texte ermöglichen, wie zum Beispiel Videotext, E-Mail, Mobiltelefone mit SMS und Rufanzeige durch Vibration oder Faxgeräte.
- Entwicklung von einfach zu bedienenden hörverstärkenden Geräten

Auch hier existieren Landesverbände, über die weitere Informationen und auch bereits existierende Literatur angefordert werden kann. Ein weiterer Informationsgeber ist das Internet.

Morbus Parkinson

Die Parkinsonsche Erkrankung äußert sich durch Bewegungsstörungen, die sämtliche Bereiche des Körpers betreffen können. Am Auffälligsten sind Veränderungen des Gangbildes, aber auch Schwierigkeiten beim Aufstehen, Hinsetzen, Umdrehen im Bett, sowie unkontrolliertes Zittern der Hände.

Auch feinmotorische Tätigkeiten können beeinträchtigt sein.

Im Wesentlichen gelten hier die Gestaltungspunkte der Barrierefreiheit nach Teil 1 für den Rollstuhlfahrer im Bereich Sanitär, Küche und Schlafbereich.

Darüber hinaus sind eine Menge von Hilfsmitteln vorhanden, die über den Morbus Parkinson Patienten-Service erhältlich sind, der von der Deutschen Pakinson Vereinigung herausgegeben wird.

Multiple Sklerose

Die Deutsche Multiple Sklerose Gesellschaft e.V. bietet Patienten-Blätter mit technischen Hilfen für den Alltag an.

Eine wesentliche Aussage ist auch hier, dass weder der kranke noch der gesunde Mensch nach einer DIN-Norm gebaut sind und deshalb die Hilfen ganz speziell auf die Belange

des Behinderten abgestimmt werden müssen. Natürlich erleichtern bereits vorhandene geeignete Türbreiten, Schwellenfreiheit und Bewegungsräume die Anpassung. Eine günstige Anordnung von Schränken und Geräten kann unnötige Bewegungen vermeiden, Zeit und Kraft sparen.
Die Ausstattung von Bad und WC hat auch hier eine besondere Bedeutung.

In den technischen Blättern geht es vor allem um Hilfen im Sanitärbereich und um Hilfsmittel zum Um- und Übersetzen und um Lifter und Treppenhilfen.

Querschnitts-Lähmung

Hier muss unterschieden werden zwischen

- Paraplegikern, bei denen eine Lähmung nur in den Beinen oder der unteren Körperhälfte erfolgt ist und die sich mithilfe der Hände und eines mechanischen Rollstuhls in ihrem Umfeld bewegen können oder Tetraplegikern, die an allen vier Extremitäten gelähmt sind und über Bewegungen des Kopfes sensor- und sprachgesteuerte Hilfsmittel bedienen. Durch die Versorgung mit einem Elektrorollstuhl mit entspechender Steuerung ist eine Mobilität in der Wohnung wie außerhalb gegeben.

Toiletten sollten in beiden Fällen niedriger sein und der Wandabstand größer als üblich, damit die Toilette auch benutzbar ist, wenn die rückenmarksverletzte Person auf die Benutzung eines Toilettenstuhles angewiesen ist.
Schränke könnten mit Apotheker-Auszügen versehen sein. Damit können auch weiter hinten lagernde Gegenstände leicht erreicht werden.
Für beide Fälle bedeutet das rollstuhlgerechte Barrierefreiheit in der gesamten Wohnung, im Wohnungsumfeld und in der Verkehrsanbindung.

Schlaganfall und Halbseiten-Lähmung

Auch hier ist bei der Halbseiten-Lähmung die rollstuhlgerechte Barrierefreiheit gefordert.

Griffe an Möbeln, Einrichtungsgegenständen und Gebrauchssartikeln sollten so gestaltet sein, dass sie auch mit einer stark eingeschränkten Feinmotorik benutzbar sind. Das kann heißen: große Öffnungen, nicht rutschig, eventuell dicker als üblich.

Bandscheibenschäden

- Sitzflächen mit haltungsregulierenden Auflagen, wie zum Beispiel einem Keilkissen.
- Häufig wechselnde Arbeitshaltungen, bevorzugt stehend oder im angelehnten Stand.
- Höhere Möbelhöhen, wie z. B. beim Bett, Stuhl oder der Couch.
- Gegenstände in der richtigen Höhe aufzubewahren oder anzuordnen, damit tiefes Bücken oder hohes Strecken vermieden werden kann.
- Harte Materialien bei Betten und Polsterungen.

Am Ende der Betrachtung des barrierefreien und altengerechten Wohnens ist die Aufgabenstellung für das Handwerk, den Handel und den Hersteller und die damit verbundene Verantwortung klar:

- Das Wissen über dieses Thema ist zu vertiefen und zu sammeln.
- Die herkömmlichen Betrachtungsweisen sind zu prüfen und gegebenenfalls zu ändern.
- Die Ergebnisse werden dann in bedarfsgerechtes Arbeiten vor Ort oder in bedarfsgerechte neue Produkte einfließen.

Maße und ergonomische Grunddaten

Begriffserklärungen

In den zahlreichen Broschüren und Artikeln, die hier für eine Bestandsaufnahme ausgewertet wurden, werden viele Begriffe verwendet und Daten bzw. Vorgänge erwähnt, die in diesem Kapitel verständlicher gemacht werden sollen:
Gerontologie: die Altersforschung, die Lehre vom Altern des Menschen und dessen körperlichen, seelischen und sozialen Auswirkungen.

Geriatrie: Zweig der Medizin, der sich mit den Krankheiten des alternden und alten Menschen beschäftigt.

Anthropometrie: Wissenschaft von den Maßverhältnissen des menschlichen Körpers und deren exakter Bestimmung.

Ergonomie: Die Lehre von der menschlichen Arbeit. Sie beruht auf der Erforschung der Eigenarten und Fähigkeiten des menschlichen Organismus und schafft dadurch die Voraussetzung für eine Anpassung der Arbeit an den Menschen sowie umgekehrt des Menschen an die Arbeit.

Körpermaße und anthropometrische Grunddaten

Für den Architekten, den Designer, den Handwerker und den Verkäufer im Handel ist es äußerst wichtig, die Körpermaße und den Platzbedarf im Raum für ältere Menschen zu kennen. Diese Kenntnisse von Reichweiten im Liegen, Sitzen oder Stehen, Augenhöhen, Platzbedarf unter Arbeitsflächen und von anderen Maßen fließen in Planung, Entwurf, Produktion und Beratung ein. Sie lassen es zu, die gesamte Arbeit zu überprüfen und auf ihre Richtigkeit für den Benutzer zu kontrollieren. Das ist sinnvoll, spart Zeit und ist damit wirtschaftlicher.

Die abgebildete Tabelle beinhaltet die Körpermaße von 90 % der erwachsenen Menschen in stehender und in sitzender Position. Nur 5 % der Menschen sind kleiner und 5 % größer. Es wird etwas über die Körpergrößen ausgesagt, über Reich- und Greifweiten, über Knielängen und Sitzbreiten.

Wir können also diese Tabelle für die maßliche Festlegung eines Arbeitsplatzes im Stehen und im Sitzen verwenden.

Für den alternden Menschen wird eher ein Arbeiten im Sitzen gestaltet werden müssen – auf einem Küchenarbeitsstuhl mit Rollen etwa.

Grundsätzlich ist zur Benutzung der angegebenen Maße anzumerken:
- Die Reichweiten gelten jeweils bis zur Griffachse der Hand; das ist die Achse, die durch einen in der geschlossenen Hand gehaltenen Stab von 15 mm Dicke verläuft.

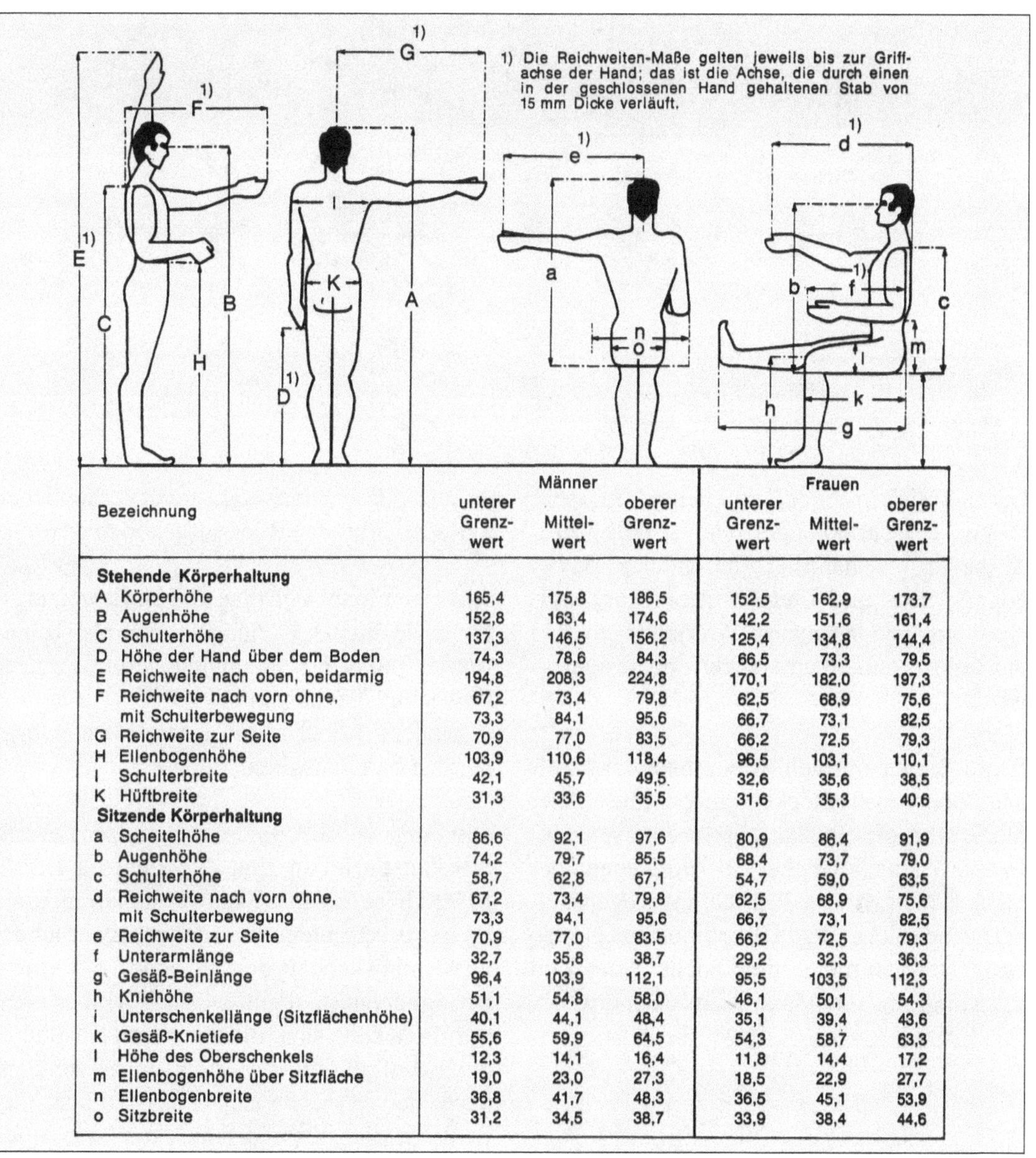

Bezeichnung	Männer unterer Grenzwert	Männer Mittelwert	Männer oberer Grenzwert	Frauen unterer Grenzwert	Frauen Mittelwert	Frauen oberer Grenzwert
Stehende Körperhaltung						
A Körperhöhe	165,4	175,8	186,5	152,5	162,9	173,7
B Augenhöhe	152,8	163,4	174,6	142,2	151,6	161,4
C Schulterhöhe	137,3	146,5	156,2	125,4	134,8	144,4
D Höhe der Hand über dem Boden	74,3	78,6	84,3	66,5	73,3	79,5
E Reichweite nach oben, beidarmig	194,8	208,3	224,8	170,1	182,0	197,3
F Reichweite nach vorn ohne,	67,2	73,4	79,8	62,5	68,9	75,6
mit Schulterbewegung	73,3	84,1	95,6	66,7	73,1	82,5
G Reichweite zur Seite	70,9	77,0	83,5	66,2	72,5	79,3
H Ellenbogenhöhe	103,9	110,6	118,4	96,5	103,1	110,1
I Schulterbreite	42,1	45,7	49,5	32,6	35,6	38,5
K Hüftbreite	31,3	33,6	35,5	31,6	35,3	40,6
Sitzende Körperhaltung						
a Scheitelhöhe	86,6	92,1	97,6	80,9	86,4	91,9
b Augenhöhe	74,2	79,7	85,5	68,4	73,7	79,0
c Schulterhöhe	58,7	62,8	67,1	54,7	59,0	63,5
d Reichweite nach vorn ohne,	67,2	73,4	79,8	62,5	68,9	75,6
mit Schulterbewegung	73,3	84,1	95,6	66,7	73,1	82,5
e Reichweite zur Seite	70,9	77,0	83,5	66,2	72,5	79,3
f Unterarmlänge	32,7	35,8	38,7	29,2	32,3	36,3
g Gesäß-Beinlänge	96,4	103,9	112,1	95,5	103,5	112,3
h Kniehöhe	51,1	54,8	58,0	46,1	50,1	54,3
i Unterschenkellänge (Sitzflächenhöhe)	40,1	44,1	48,4	35,1	39,4	43,6
k Gesäß-Knietiefe	55,6	59,9	64,5	54,3	58,7	63,3
l Höhe des Oberschenkels	12,3	14,1	16,4	11,8	14,4	17,2
m Ellenbogenhöhe über Sitzfläche	19,0	23,0	27,3	18,5	22,9	27,7
n Ellenbogenbreite	36,8	41,7	48,3	36,5	45,1	53,9
o Sitzbreite	31,2	34,5	38,7	33,9	38,4	44,6

(Aus »Refa-Methodenlehre des Arbeitsstudiums 1«)

Wenn mit der geöffneten Hand mit den Fingern etwas gegriffen werden soll, dann können noch circa 5 bis 7 cm zu den Reichweiten hinzugerechnet werden.

- Mit Schulterbewegung heißt, dass der Oberkörper beim Zufassen nach vorn bewegt wird. Dies kann die betroffene ältere Person natürlich nicht oft hintereinander tun – es sollte aber bedacht werden.
- Für Schuhe müssen etwa 2,5 cm an Höhe hinzugerechnet werden.
- Alternde Menschen verkleinern sich durch Haltung und Änderungen im Körperbau um etwa 3 bis 5 cm bis zum 75. Lebensjahr.

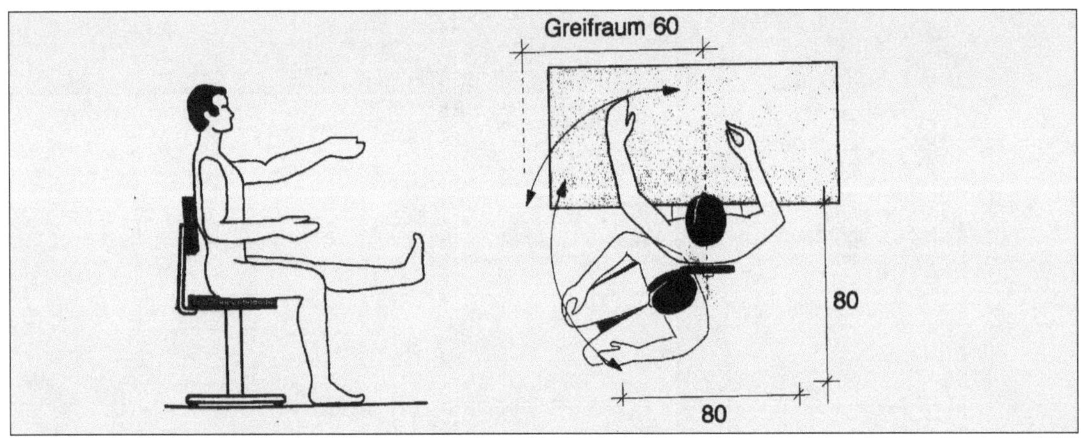

Sitzender Mensch auf einem Arbeitsstuhl. Notwendige Bewegungsfläche

Gesellen sich im Alter Krankheiten, Behinderungen, Einschränkungen oder Unfälle hinzu, so bedarf es natürlich besonderer Bewegungs-, Sitz- und Liegeformen. Diese weichen von den normalen Positionen ab und müssen gesondert untersucht und festgelegt werden.

Beginnen wir mit dem Menschen, der an einem oder zwei Stöcken gehen muss. Der Stock oder die Stöcke stützen einerseits die Fortbewegung, sind aber bei Tätigkeiten oder beim Benutzen von Einrichtungsgegenständen hinderlich. Das Hilfsmittel muss also weggestellt werden, stützt nicht mehr, fällt dann meistens um und muss möglicherweise, je nach Einschränkung, unter erheblichen Schwierigkeiten wieder aufgehoben werden.

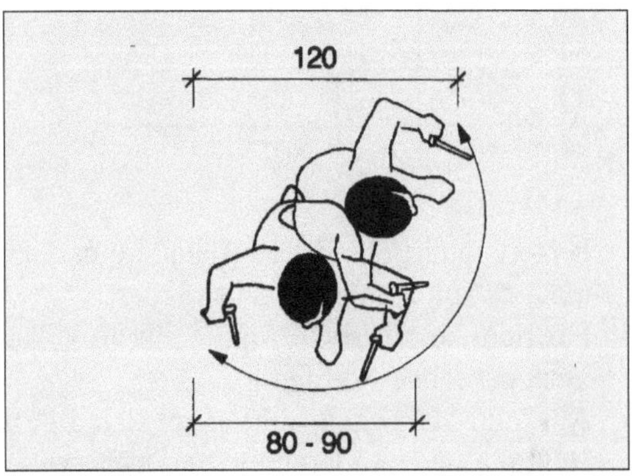

Bewegungsfläche mit Stöcken

Auch hier leitet sich eine andere Bewegungsfläche ab, die bei Planungen mit einkalkuliert werden muss. Die Zeichnung zeigt das: Eine Bewegungsfläche von etwa 1,20 x 1,20 m ist vor jedem Möbel und in jedem Durchgangsbereich bereitzuhalten.

Die Frage ist: Wie geht der Benutzer mit den Stöcken um? Um zum Arbeiten die Hände frei zu haben, wird er sie wegstellen müssen. Es ist zu vermuten, dass er dann sitzt und der Bewegungsbereich des Sitzenden auf einem beweglichen Stuhl gilt. Deshalb wird es nicht nur die Küche sein, die zur sitzenden Benutzung umfunktioniert werden muss, sondern auch der Waschbereich im Bad oder der Schlafbereich, ebenfalls muss das Entnehmen von Kleidern und Wäsche aus Schrank und Kommode erleichtert werden. Es ist auch zu untersuchen, ob vollwertiges Sitzen möglich sein muss oder ob Stützsitzen ausreicht.

Dem Gehen mit Stöcken kann ein Gehen mit einer Gehhilfe folgen. Der Markt bietet dieses Hilfsmittel an. Es ist stabiler, gibt mehr Sicherheit und fällt in unbenutztem Zustand

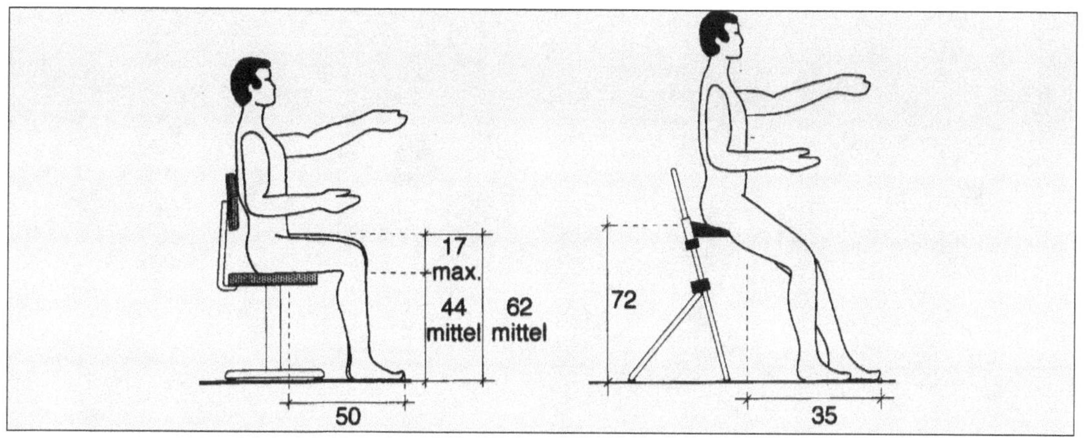

Unterschied vollwertiges Sitzen und Stützsitzen

nicht um. Aber auch die Gehhilfe muss zur Verrichtung von Arbeit losgelassen werden und darf nicht behindern. Der Bewegungsbereich für einen Menschen mit Gehhilfe liegt ebenfalls bei etwa 0,80 x 0,80 m.

Die Sitzform mit der geringsten Bewegungsfreiheit ist diejenige im Rollstuhl. Leben im Rollstuhl erfordert sehr viel Anpassung im täglichen Lebensbereich. Hier sind die Möglichkeiten des Greifens und Bewegens nach der Seite, nach vorn und nach oben genauestens zu untersuchen und die Ergebnisse sind mit dem normalen Sitzen zu vergleichen, um herauszufinden, ob neues Design für beide Sitzformen gleich oder unterschiedlich sein muss.

Noch mehr als bei normalem Sitzen muss auch eine Unterfahrbarkeit von Arbeitsflächen, von Spülen, Waschtischen, Herden und eventuell auch Fensterbänken hergestellt werden. Türbreiten und Durchfahrten müssen sich nach der Breite der im Handel befindlichen Rollstühle richten. Die Übergänge zu anderen Räumen oder von drinnen nach draußen verlangen ausreichend griffige Bodenbeläge, Schwellenfreiheit und Durchfahrtsbreite.

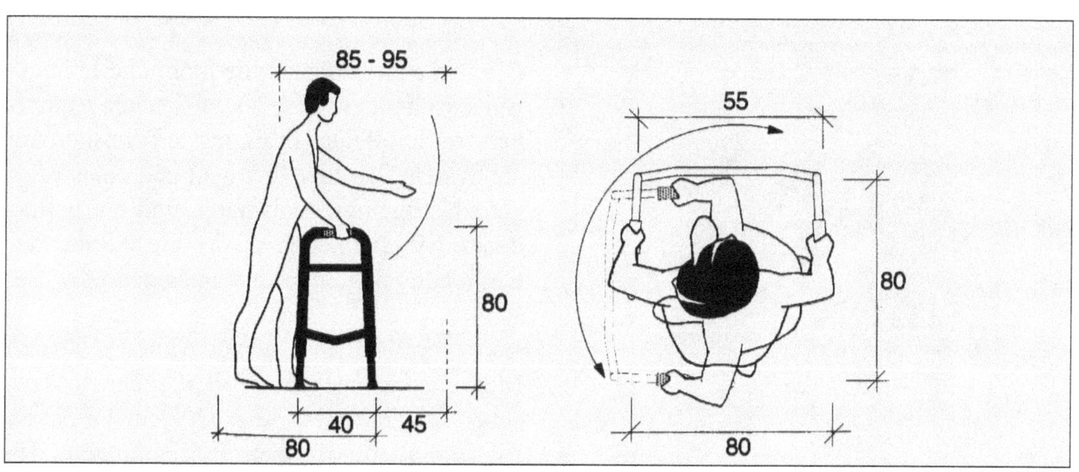

Reichweitendarstellung Gehhilfe. Bewegungsraum Gehhilfe

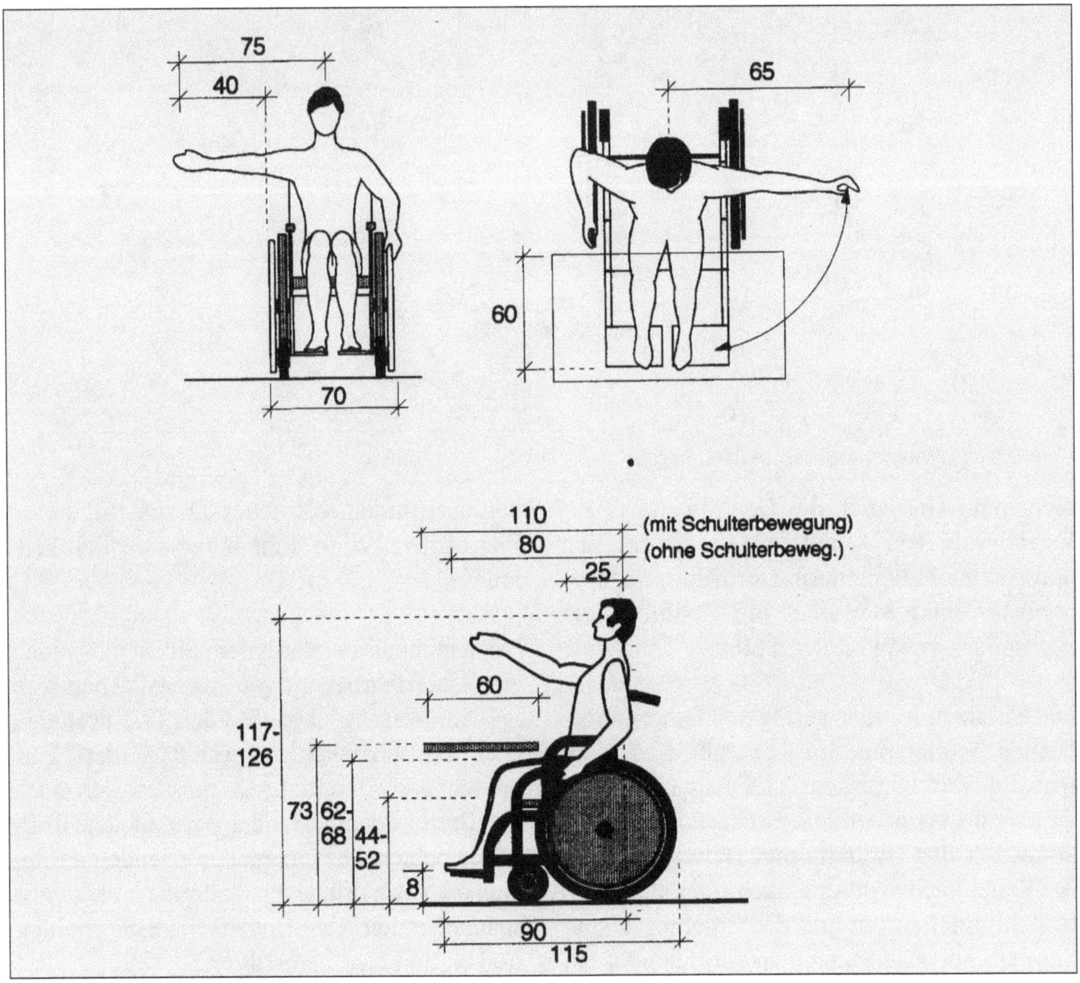

Rollstuhlfahrer Reichweitendarstellungen

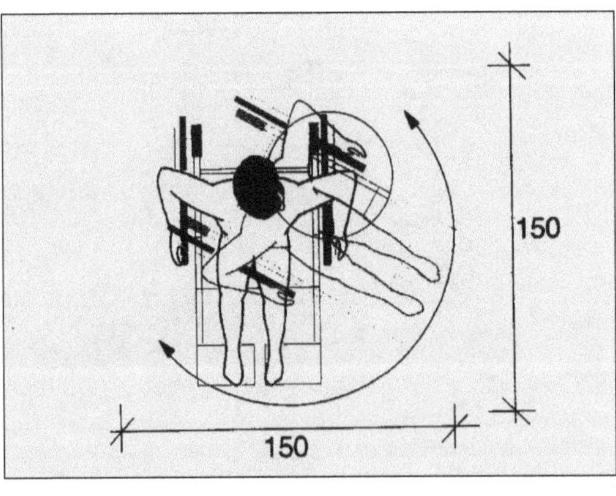

Rollstuhlfahrer Bewegungsbereich

Die letzte zu betrachtende mögliche Lebensweise ist der zeitweise oder dauernde Aufenthalt im Bett. Hier gilt es, den Aktionsbereich eines nicht Pflegebedürftigen und eines Pflegebedürftigen zu analysieren und die gefundenen Möglichkeiten in die Gestaltung der Umgebung des Bettes einzubringen.

Beim Vergleich zwischen dem alten gesunden Menschen und dem alten zu pflegenden Menschen zeichnet sich je nach dem Grad der Einschränkung ab, dass Einrichtungen, Be-

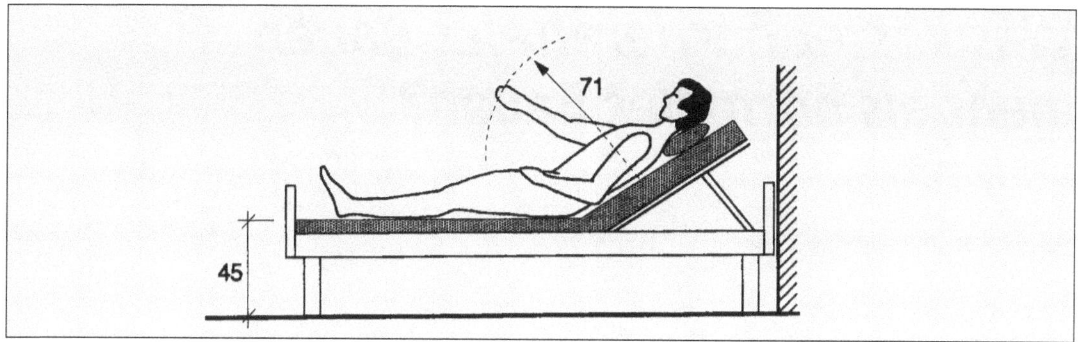

Reichweitendarstellung eines im Bett liegenden Menschen

dienungselemente und Stauraum hinter dem Kopfteil nur bedingt oder gar nicht benutzt werden können. Versorgungselemente müssen vermutlich seitlich und mobil angeordnet werden, was den Abschied von althergebrachten Schlafzimmereinrichtungen bedeutet.

Damit sind die wesentlichen Aussagen zu Körpermaßen und Bewegungsflächen angerissen und sichtbar gemacht und können in der Anwendung als Grundlage dienen.

Details zur praktischen Anwendung sind in den vorangegangenen Kapiteln zu finden.

Möglichkeit 1 oben:
Gestaltung eines Bettes und seines Umfelds für einen älteren Menschen.

Möglichkeit 2 unten:
Gestaltung eines Bettes und seines Umfelds für einen pflegebedürftigen Menschen.

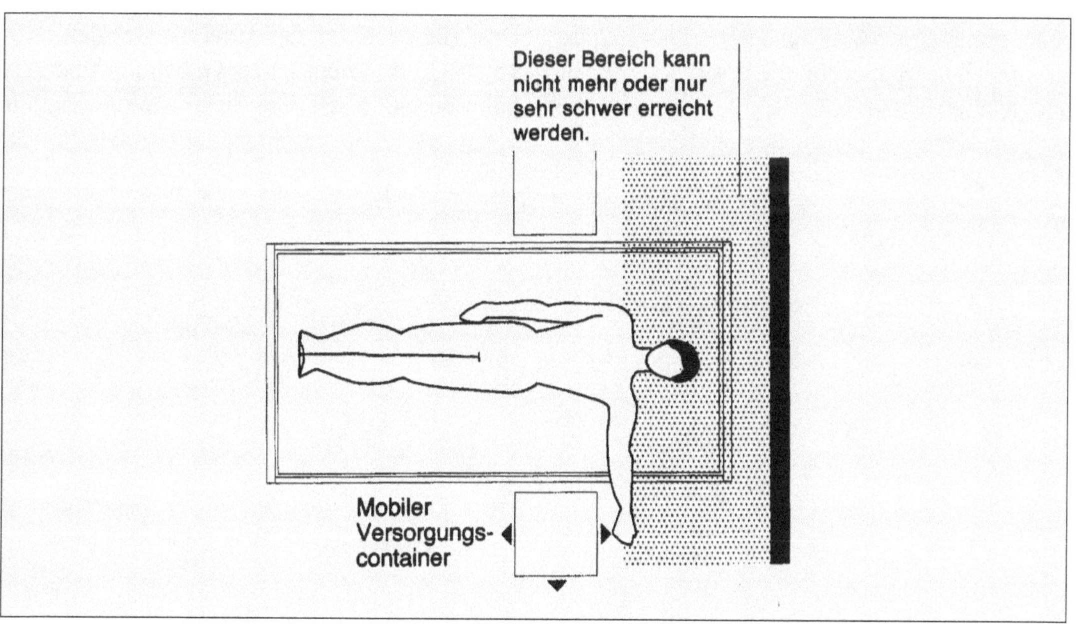

Reichweitendarstellung eines im Bett liegenden, pflegebedürftigen Menschen

Was kostet barrierefreies Bauen mehr als normales Bauen?

Eine verbindliche Aussage dazu lässt sich gegenwärtig nicht machen. Eine Umfrage bei den Architektenkammern der 16 Bundesländer hat kein eindeutiges Ergebnis gebracht.

Beim Bauen nach der DIN 18040-2 (Planungsgrundlagen für barrierefreie Wohnungen), lassen sich bei „kostenbewuster und vorausschauender Planung" Mehrkosten vermeiden. Der Schwerpunkt liegt hierbei, wie in den vorangegangenen Kapiteln deutlich gezeigt, auf dem Begriff des Vorausschauens.

Ein Beispiel:
Das Einsetzen einer breiteren Tür im Neubau spart gemauerte Wand und Putz. Das könnte sich mit den Kosten für die etwas teuere Tür ausgleichen.

Ein paar Meter Leerrohr zusätzlich im Neubau dürften auch kaum ins Gewicht fallen.

Der Einbau eines Personenaufzuges wird Mehrkosten verursachen. Das ist abhängig von der Anzahl der mit dem Aufzug erschlossenen Geschosse und Wohnungen. Die Kostenerhöhungen liegen hier zwischen 2 % bis 12,5 %.

Im Bereich der Planung für die rollstuhlgerechte Bauweise, wird es Mehrkosten durch den höheren Flächenbedarf geben. Hierzu liegen keine Ergebnisse aus Studien oder Statistiken vor.

Das gilt auch für das Bauen nach der DIN 18040-1, in öffentlichen Gebäuden und Arbeitsstätten. Auch hier liegen keine Zahlen vor.

Quellenangaben, Bilder und Grafiken

Alle hier nicht aufgeführten Fotos und Grafiken wurden vom Planungsbüro Giessler erstellt.
Alle hier aufgeführten Grafiken, Fotos und Tabellen wurden mit freundlicher Genehmigung der Firmen verwendet.

Seite 22 Grafik Planungsbüro Giessler
Seite 24 Grundriss aus Wohnen ohne Barrieren, Bayerisches Staatsministerium des Inneren
Seite 25 Foto der Firma Onox Home
Seite 26 Foto der Firma Onox Home
Seite 34 Grundriss der Architektengemeinschaft. Ohne Namensnennung
Seite 35 Grafik Planungsbüro Giessler
Seite 36 Grafik Planungsbüro Giessler
Seite 37 Firma Gutjahr Balkon Detail
Grafik Planungsbüro Giessler
Grafik Planungsbüro Giessler
Seite 38 Grafiken Planungsbüro Giessler
Seite 40 Grafik Planungsbüro Giessler
Seite 41 Detailzeichnung aus dem Grundriss der Architektengemeinschaft, Zeichnung Planungsbüro Giessler
Seite 42 Grafiken Planungsbüro Giessler
Seite 43 Quelle unbekannt
Seite 44 Hublift von Garaventa Lift
Homelift von Garaventa Lift
Seite 45 Grafiken Planungsbüro Giessler
Seite 46 Tabelle Planungsbüro Giessler
Seite 47 Grafiken Planungsbüro Giessler
Quelle unbekannt
Seite 48 Euronorm 1154, DormaTüren, Ennepetal
Grafik Planungsbüro Giessler
Seite 49 Grafik Planungsbüro Giessler
Detailzeichnung aus dem Grundriß der Architektengemeinschaft
Zeichnung Planungsbüro Giessler
Seite 51 Grafiken Planungsbüro Giessler
Bild Prospekt WERU AG, Rudersberg
Seite 52 aus "Geboden Toegang.", Holland
Seite 53 aus "Wohnqualität im Alter", Verbraucherzentrale, 1994
Seite 54 aus GIENGER-Sanitärhandbuch, Firma GIENGER, Markt Schwaben
Seite 55 1. GIENGER-Sanitärhandbuch
2. Quelle unbekannt
3. Grafiken Planungsbüro Giessler
Seite 56 GIENGER-Sanitärhandbuch
Seite 57 Grafiken Planungsbüro Giessler
Seite 58 Grafik Planungsbüro Giessler
Seite 59 Grafiken Planungsbüro Giessler
Seite 60 Grafiken Planungsbüro Giessler
Seite 63 Architekt Wiedmann - Sozialreferat der Stadt München
Seite 64 Detail aus dem Grundriß der Architektengemeinschaft
Zeichnung Planungsbüro Giessler
Zeichnung der angepassten Wohnung Planungsbüro Giessler
Seite 65 Grundrisse Planungsbüro Giessler
Seite 66 Grundrisse Planungsbüro Giessler
Grundriss mit Genehmigung des VDMA, Landesverband Bayern
Seite 67 1. Grafik Planungsbüro Giessler
2. aus "Wohnanlage in Blaubeuren"
Seite 68 aus "Wohnen ohne Barrieren" BM I 1995
Seite 69 1. aus "Arbeitsblätter 5 für den Wohnungsbau" Oberste Baubehörde München, Architekten Schinharl und Höss
2. Quelle unbekannt
Seite 70 1. + 2. Quellen unbekannt
Aus Arbeitsblätter 5 für den Wohnungsbau, Oberste Baubehörde, Architekten Hans Nickl und Partner
Seite 71 Grafik Planungsbüro Giessler
Seite 72 Küche Sidelift 6400 Granberg Deutschland GmbH
Seite 74 1. Firma Kason Stuhlfabrik, Ortenburg
2. Firma Völker Pflegebett höhenverstellbar

Seite 75 1. Firma Kusch, Modell 7200, Design U.Feldotto, Hallenberg
2. Firma Meyra, Stuhl Ökonom, Kalletal - Kalldorf
3. aus Prospekt IKEA, Hofheim

Seite 77 1. Firma Saniflex, Recklinghausen
2. Firma Senvitas, Salach
3. Firma HEWI, Bad Arolsen

Seite 78 1. Thomashilfen, Bremervörde
2. Firma LIEBHERR-Hausgeräte, Ochsenhausen

Seite 79 1. Firma LIEBHERR-Hausgeräte, Ochsenhausen
2. "Arbeitskreis Barrierefreie Hausgeräte" TU Weihenstephan

Seite 80 1. Firma BUSCH - Jaeger, Lüdenscheid
2. Firma SIEDLE&Söhne, Furtwangen

Seite 81 1. Firma BUSCH - Jaeger, Lüdenscheid
2. Firma Scanvest Deutschland GmbH
3. Firma DORMA Türen und Schließsysteme, Ennepetal

Seite 82 Quelle unbekannt

Seite 85 Foto Planungsbüro Giessler

Seite 86 1. Zeichnung Lageplan, Architekt unbekannt
2. Zeichnung Planungsbüro Giessler

Seite 88 Foto Planungsbüro Giessler

Seite 89 Foto Planungsbüro Giessler

Seite 91 Zeichnung Planungsbüro Giessler

Seite 92 Zeichnung Planungsbüro Giessler

Seite 94 Firma Kaldewei, Ahlen

Seite 97 Grundrisse Architekt Wiedmann, Sozialreferat der Stadt München

Seite 99 1. Firma Alumat GmbH
2. Firma Alumat – Frey GmbH, Kaufbeuren

Seite 103 Firma DISAN, Bozen

Seite 104 Zeichnung Planungsbüro Giessler

Seite 106 Zeichnung Planungsbüro Giessler

Seite 117 aus "Refa - Methodenlehre des Arbeitsstudiums 1"

Seite 118 Zeichnungen Planungsbüro Giessler

Seite 119 Zeichnungen Planungsbüro Giessler

Seite 120 Zeichnungen Planungsbüro Giessler

Seite 121 Zeichnungen Planungsbüro Giessler

Seite 127 Firma Kaldewei, Ahlen

Literatur:
Literaturangaben befinden sich im Text bei der jeweilig zitierten Stelle.

DIN-Normen:
Die angegebenen Planungsnormen DIN 18040 Teil 1 und 2 sind nachzulesen in den Heften "Öffentlich zugängige Gebäude " und "Barrierefreie Wohnungen" der Bayerischen Architektenkammer und des Bayerischen Staatsministeriums des Inneren, Obersten Baubehörde, 2014. Sie sind auch im Beuth-Verlag, Berlin, und im Buchhandel erhältlich.

Stichwortverzeichnis

SUPERPLAN

- exklusives, elegantes Design
- mit 2,5 cm Tiefe extrem flach und bestens für den bodengleichen Einbau geeignet
- aus KALDEWEI Stahl-Email
- Ablaufdeckel bündig in die Duschfläche integriert (nur in Kombination mit den Ablaufgarnituren KA 90)

Abbildung ähnlich

	Gesamt-Aufbauhöhe			Bauhöhe		
Modell	**387**	**388**	**390**	**387**	**388**	**390**
KA 90	105	105	105	81	81	81
KA 90 extraflach	94	94	94	70	70	70
KA 90 senkrecht	49	49	49	81	81	81
KA 90 ultraflach	85	85	85	61	61	61

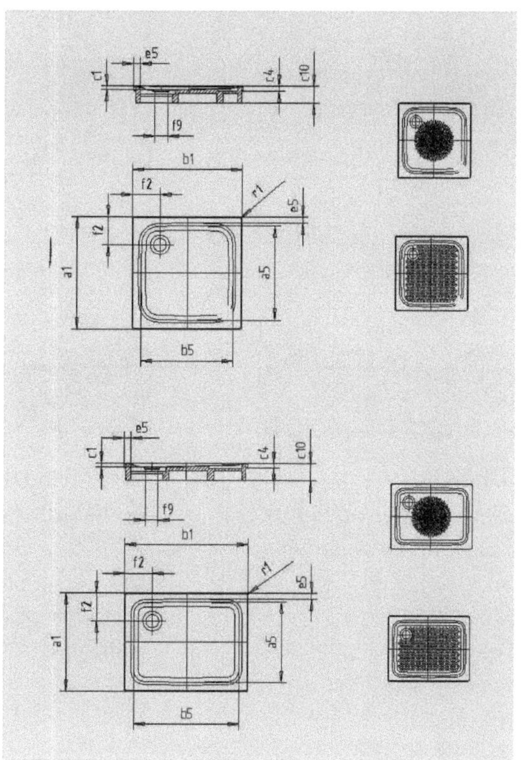

SECURE[+]

Modell		**387**	**388**	**390**
Äußere Länge	a_1	750	800	900 mm
Innere Länge	a_5	650	700	790 mm
Äußere Breite	b_1	900	900	900 mm
Innere Breite	b_5	800	800	790 mm
Tiefe innen	c_1	25	25	25 mm
Randhöhe	c_4	32	32	32 mm
Höhe mit Wannenträger	c_{10}	120	120	120 mm
Randbreite	e_5	50	50	50 mm
Abstand Wannenrand bis Mitte Ablaufloch	f_2	200	200	200 mm
Durchmesser Ablaufloch	f_9	Ø 90	Ø 90	Ø 90 mm
Äußerer Radius	r_1	12	12	12 mm
Nettogewicht		18	19	21 kg
Antislip Durchmesser		Ø 435	Ø 435	Ø 435 mm
Vollantislip		524 x 673	586 x 673	648 x 673 mm
SECURE PLUS		Vollflächig	Vollflächig	Vollflächig

Fertigungstechnische Änderungen, Toleranzen und Irrtümer vorbehalten. Nettogewichte gerundet. Abbildungen ähnlich.

Kaldewei Superplan, bodengleiche Duschwanne – ausführliche Darstellung von Seite 94

Rat, auf den Sie bauen können!

REDESIGN
Verliebt in mein Zuhause
Einfach neu gestalten mit vorhandenen Möbeln und Accessoires
ISBN 978-3-89367-152-6

Wohlfühlfaktor Farbe
Verliebt in mein Zuhause
Ein Praxishandbuch für die Gestaltung in Ihrem Zuhause
ISBN 978-3-89367-146-5

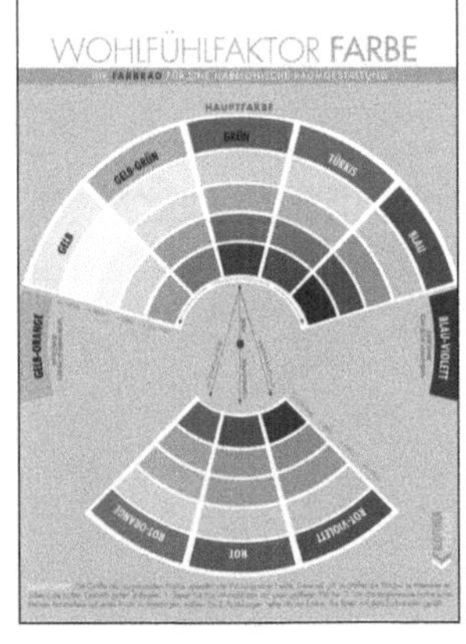

Das FARBRAD
Passende Farbkombinationen leicht erkennen
ISBN 978-3-89367-148-9

Kostenfalle Hausbau
Pfusch vermeiden – Baukosten sparen
ISBN 978-3-89367-107-6

Energiesparendes Bauen und Sanieren
Neutrale Informationen für mehr Energieeffizienz
ISBN 978-3-89367-156-4

Zuhause wohnen mit Demenz
Von der Diagnose bis zur Pflegebedürftigkeit in den eigenen vier Wänden würdevoll wohnen
ISBN 978-3-89367-155-7

Blottner Verlag • www.blottner.de